容美土司石刻

湖北省文物考古研究所
鶴 峰 縣 博 物 館 編著

科 学 出 版 社
北 京

内 容 簡 介

本書收錄並拓印已知容美土司所有石刻，對石刻拓本進行介紹和識讀。並根據拓本釋讀信息結合文獻對容美土司的疆域變遷、軍政管理、構造營建、墓葬信息等涉及容美土司政治文化、軍事外交、社會生活等綜合信息進行多角度、深層次的詮釋，對容美土司的研究有著重要價值，也對鄂西南地區的土司研究有著重要意義。

本書是容美土司系列叢書之一，全書可為考古學、民族學、歷史學、土司學、金石學學者，以及相關學科的大專院校師生學習及研究，也可供石刻及書法愛好者應用、鑒賞。

圖書在版編目（CIP）數據

容美土司石刻／湖北省文物考古研究所，鶴峰縣博物館編著. —北京：科學出版社，2020.9

ISBN 978-7-03-066092-3

Ⅰ. ①容… Ⅱ. ①湖… ②鶴… Ⅲ. ①石刻－拓本－彙編－中國 Ⅳ. ① K877.4

中國版本圖書館CIP數據核字（2020）第174120號

責任編輯：王光明　王　鈺／責任校對：鄒慧卿

責任印制：肖　興／封面設計：北京美光設計製版有限公司

科 学 出 版 社 出版

北京東黄城根北街16號

郵政編碼：100717

http: //www.sciencep.com

中国科学院印刷厂 印刷

科學出版社發行　各地新華書店經銷

*

2020年9月第 一 版　開本：787×1092 1/8

2020年9月第一次印刷　印張：26 1/2　插頁：2

字數：425 000

定價：380.00元

（如有印裝質量問題，我社負責調換）

凡例

一、本書收録的每通石刻，均由名稱、簡介、釋文、拓本四部分構成。並予以分述。

二、本書編排的各類石刻按照内容劃分類型，共有營建及敘事、地理名稱、墓碑及墓誌銘、紋飾四類。

三、本書對各類石刻所在的行政區劃、尺寸、形制、年代和内容等信息進行簡要說明。

四、拓本的命名以石刻首行題文、××墓碑等為准，對於紋飾類拓本，依據遺存地點及器物名稱進行定名。

五、對於墓碑類石刻中姓名同輩兄弟或姊妹的排版予以單列。

六、本書對拓本中無法識別的文字用『□』表示。

七、本書採用繁體豎排格式，保留原文中的異體字、通假字，不做改變，以括弧内之字予以備註，同時以腳註形式對拓本内容予以注釋。

八、本書對部分文字較少的石刻未做斷句，書中石刻尺寸（高或長、寬、厚）以最大為准。

九、本書對改土歸流之後，與容美土司相關石刻精選後亦進行輯錄。

十、本書對墓碑釋讀碑文内表明墓主身份的主體文字加粗。

喚醒沉睡的刻銘史料

容美，一個楚蜀最強的土司，消逝在前進的歷史長河中。

石刻，一本琢於磐石的史書，塵封在沉睡的歷史記憶中。

當最後一任容美土司司主，以自縊的方式，無力而又悲壯地結束了容美土司國祚後，延綿四百餘年的容美土司文化，最終消逝在歷史長河中。

昔日雍正皇帝口諭楚蜀最強的容美土司，如今塵封在沉睡的歷史記憶中。惟有記錄着百年點滴的磐石石刻，能夠喚醒歷史記憶中的容美土司。

導言

土司制度是中國元明清時期中央王朝針對西南少數民族聚居地區實行的一種管理政策。其中鄂西地區土家族建立的容美土司，從元至大元年（公元1308）容米洞始見於文獻，至清雍正十二年（公元1734）容美宣慰司改土歸流，歷經427年。其疆域鼎盛時期控制約7000平方千米，主要在今湖北省恩施土家族苗族自治州鶴峰縣與湖北省宜昌市五峰土家族自治縣境內。因其扼守西南咽喉，實力強大，文化發達，與中央王朝聯繫緊密，是中國土家族歷史文化發展的重要研究材料，也是明清兩代土司制度和土司文化的重要研究對象之一。

1984年成書的《容美土司史料汇編》是容美土司研究的最早的成果，書籍編成後，得到眾多研究者的回應和好評，開創了大規模研究容美土司的先河。此後的一段時間，相關的理論研究有長足的發展，但是卻缺乏實物文字證實；到21世紀初，對容美土司的調查與研究更加深入，研究者在田野中又發現了一批與容美土司相關的石刻，如『新改荒路記』『田克敦墓碑』『桂崇皋墓碑』『劉民安夫婦墓碑』等，並在石刻前做了現場識讀、抄寫工作。這些工作填補了容美土司石刻地理分佈信息的空白，為我們今天深入開展工作起到了重要的引導作用。

湖北省文物考古研究所容美土司遺址考古隊在2015～2017年對容美土司遺址進行全面的文物調查、勘探與清理工作，在汲取以往研究學者的公開成果的基礎上，對已知和考古調查新發現的石刻，組織專業人員，採取現場拓片、照相、文字記錄等技術手段來獲取石刻信息，使獲取信息方式更加完善、精准。

容美土司石刻是整個容美土司遺址的重要組成部分，這批石刻今散存在鶴峰與五峰兩縣境內的容美土司府署、墓地、洞府、廟觀、梁津等遺址內，少量存放於博物館內。時間以明萬曆至清雍正時期為主，另有少量為改土歸流後仍與容美土司有關的石刻；石刻內容分為營建及敘事、地理名稱、墓碑及墓誌銘、紋飾四大類；石刻的具體表現方式有摩崖石刻、碑刻、牌匾等；石刻文字多為楷書陰刻，少數為楷書陽刻，紋飾多為浮雕，並採用圓雕、線雕、透雕等工藝。

本書通過線圖、照片、簡介、釋文、拓本等表現形式，力圖公正客觀地反映容美土司境內的石刻分佈位置、保存現狀、刻銘內容等相關信息，並根據石刻內容，結合考古工作成果和歷史文獻，對容美土司疆域變遷、軍政機構、構造營建、墓葬信息等內容進行多角度、深层次的詮釋。

本書的編著，自野外調查始，至書稿編纂完成，前後歷時近三年。其中在野外調查和拓片工作完成後，在室內對拓本進行核選和裱糊，同時在查閱史籍的基礎上，對石刻開展識讀和編排工作。成稿後又對全文反復核對，幾經考校，終成丹鉛！然在田野調查和拓片期間，複雜的工作環境，漫漶缺失的刻銘內容，難免造成工作上失誤，這對全書造成一定瑕疵。但從整體來看，本書仍是一本對容美土司研究具有極高史料價值的工具書。

本書為容美土司系列叢書之一，對與容美土司相關的石刻進行介紹和分析，為避免重復，其餘叢書内所提及的容美土司石刻，僅簡單列舉。

湖北省文物考古研究所
容美土司遺址考古隊
二〇一八年四月

容美土司遺址石刻位置分佈圖

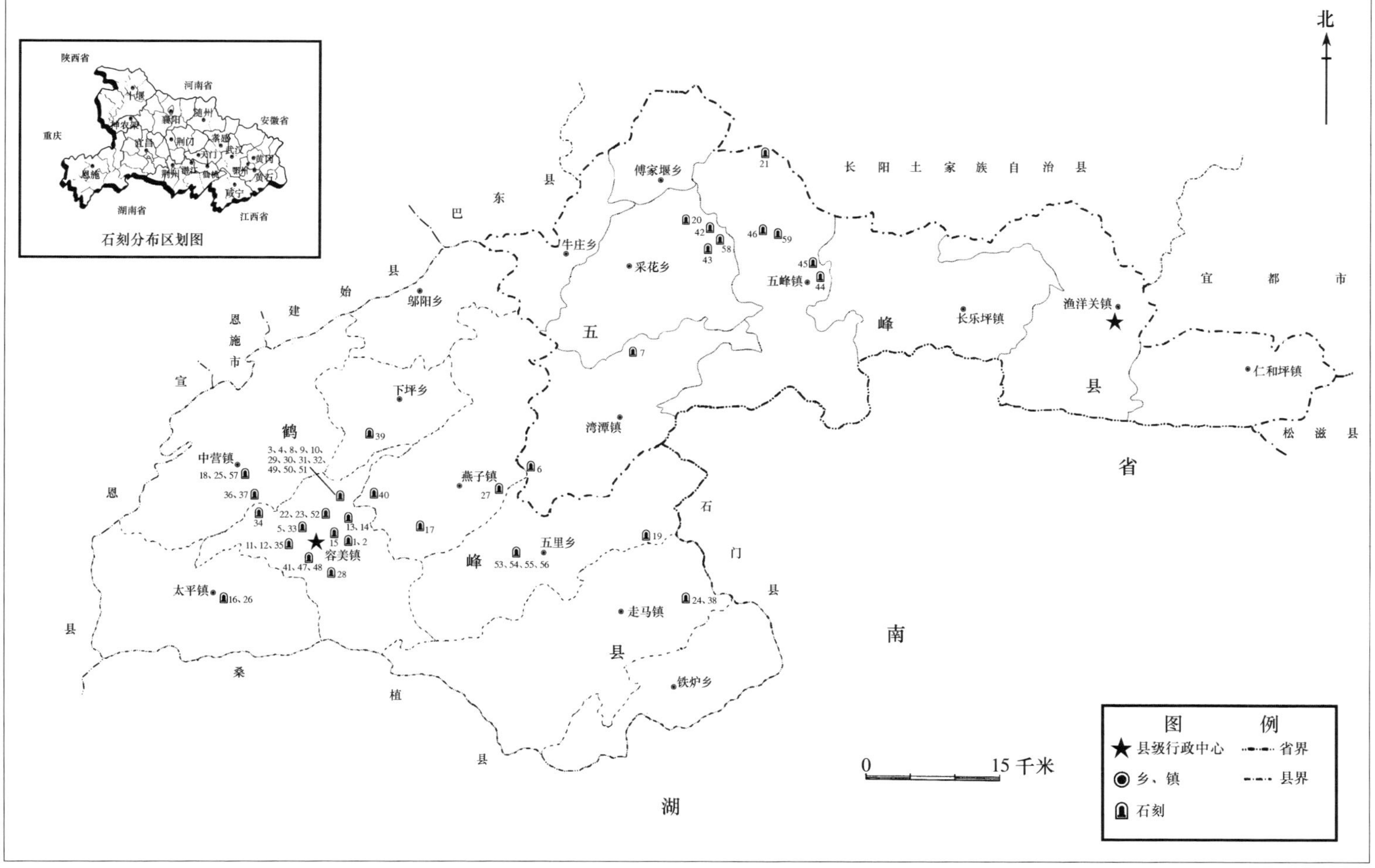

1. 九峯橋碑
2. 彪炳千秋碑
3. 鉄鎖橋碑
4. 豁步橋石刻
5. 天然橋碑
6. 百順橋碑
7. 新改荒路記石刻
8. 山高水長石刻
9. 萬全洞記石刻
10. 平山萬全洞記碑
11. 保善樓記碑
12. 於萬斯年碑
13. 萬人洞記石刻
14. 紫雲宮碑刻
15. 細柳城官堰記碑
16. 情田峝記、捷音者叙石刻
17. 奉吉旌表碑
18. 天星寨摩崖石刻
19.（大岩関）漢土疆界碑
20.（漂水岩）漢土疆界碑
21.（懷抱窩）漢土疆界碑
22. 奉天誥命碑
23. 田楚產夫婦石匾
24. 剛一帥夫婦石匾
25. 天星寨儒者石刻
26. 情田峝摩崖石刻
27. 紅茅尖石刻
28. 都招討使少傅田鐵峯夫婦墓碑
29. 轅門保旗旗長杜將墓碑
30. 鎮防屏山寨官向遇春夫婦墓碑
31. 容美爵府前鋒營副總兵官向文憲墓碑
32. 待贈芙蓉土知州兼管中営旗鼓事向日芳墓碑
33. 容美標前営副総兵官田克敦墓碑
34. 覃母楊氏老太君墓碑
35. 待贈内中營副將劉民安夫婦墓碑
36. 田九齡墓碑
37. 明詩人田六九齡墓碑
38. 明誥封宣武將軍麻寮所巡捕千户剛一帥夫婦墓碑
39. 劉門田氏姑母墓碑
40. 容美宣慰司標下俻征百户所掌印百户田燦如夫婦墓碑
41. 石梁安撫使司兼左營副總兵官田餘菴夫婦墓碑
42. 容美軍民府標下授劄經歷覃光極墓碑
43. 容美標原任親丁营副総兵官桂崇皋墓碑
44. 張吉士夫婦墓碑
45. 俸薪千総張彤砫夫婦墓碑
46. 田壽年墓碑
47. 田九龍将軍墓誌銘
48. 田應辰墓誌銘
49. 向文憲墓誌銘
50. 爵府衙署區門墩石紋飾
51. 爵府衙署區條石紋飾
52. 官墳園華表紋飾
53. 南府張桓侯廟抱鼓石紋飾
54. 南府張桓侯廟石門柱紋飾
55. 南府衙署區台基欄板石和陡板石紋飾
56. 南府上馬凳橋護欄紋飾
57. 天星寨柱礎盆身紋飾
58. 北府衙署區門墩石紋飾
59. 水滸司抱鼓石紋飾

目録

一、營建及敘事類

九峯碑

【簡介】

原碑位於鶴峰縣容美鎮張家村，現藏於鶴峰縣博物館碑林。通高145、寬59、厚33厘米。材質為灰白色石灰岩。圜形平碑首，石碑頂部刻有柿蒂叶紋和雙鳳戲珠紋，碑身兩側浮雕纏枝紋，碑底為線刻寶相花。『九峯橋』三個大字為平雕線刻，兩側楷書陽刻捐資造立者人名，碑文共計127字。為清康熙二十五年（公元1686）容美土司田舜年所立（彩版三，4）。

【原文】

峕皇清康熙貳拾伍年丙寅歲黃鐘月長至日

湖廣容美都統司少傅左都督正一品信官田舜年　一品夫人剛氏

長男應襲管中營總兵官田丙如　次男田琯如、琰如、琬如、捐資造立

九峯橋

督工中軍副總兵官管東旗事弟田慶年

督工旗長汪尚倫　東旗下千總胡大壽　向啟隆　付之奉

寶慶府石匠馬德功　蕭恩寵　孫光貽　劉成□

永遠

九峯橋碑

彪炳千秋碑

【簡介】

原碑位於鶴峰縣容美鎮張家村，現藏於鶴峰縣博物館碑林。通高131、寬54、厚16厘米。材質為灰白色石灰岩。圜形平碑首，碑文正楷陰刻，共計628字。為民國十六年（公元1927）所立，碑文介紹了九峯橋數次修建的信息，對研究九峯橋形製及沿革具有重要的史料價值。

【原文】

彪炳千秋

九峯橋者，吾邑東南入城孔道也。其地則洪河侵灌，斷巖千尺，急湍甚箭，猛浪若奔，欲利行人而便交通，則石橋之建烏能已乎？斯橋建自田氏九峯，工堅而費鉅，數百年無傾圮之患，行行征夫，歌利賴焉，而九峯之流風餘韻，亦賴以不墜云。丁卯仲夏大旱之後，洪水暴發，陵谷變遷，斯橋之水高出橋梁，崩壞其東南，倘地方人士任其敗壞，則交通為阻，前賢田氏之功亦就湮矣。徐子端溪有鑒於此，倡首募修，各善士欣然捐金，共襄斯舉，茲幸橋工告竣，端溪氏請序言於余，余喜其橋工有成，各善士芳行，為不可不誌也。爰跋數語，用誌巔末，并標捐欵諸姓氏於後，以昭不朽云。

本保公欵壹佰串、縣公署叁拾串、李奎元捌拾串、李幼香伍拾串、徐象周叁拾串、李澍記叁拾串、羅孝倫叁拾串、源太成貳拾串、何子釗貳拾串、田玉清貳拾串；

徐居安、徐笙陔、□□□、刘吉堂、徐端溪、田啟香、彭靜安、田文臣、陳敬如、李敏記各捐錢壹拾串；

楊正一拾千，鄭保林拾千，徐南卿、羅金山、何家桂、李楚金、張仲夫、徐楚記、李楚發各伍串，李少安四串；

韓宗緒四串，刘秋浦四串，張方祥叁串，覃福記、李章夫、陳丙恒、陳一卿、袁見章、胡仁安、姚子厚各貳串；

田錫之、谷見三、洪哲人、陳萬序、李法堂、鄭天法、黃鳳山、尹卓云、尹得臣、黃子臣各貳串；

薛耀廷、刘少南、譚良惠、范惠彥、洪墨林、楊永德、鐘世福、熊先柱、熊先維、張方德各壹串；

韓宗德、廖士槐、張官祥、龔繼正、姚見奎、田福長、袁壽堂、龔□正、尹頂□、尹巨臣各壹串；

龔合臣、徐晉卿、李文雙、李輔臣、徐春林、李春生、吳坤元、吳丙南、楊秀元、楊宜峰各壹串；楊光富、尹香生、楊卓然、雷玉成、胥惠民、吕永金、龍雲滕、袁有見、洪景雲、鄭其祥各壹串；鄭天寅、鄭天久、鄭天海各壹串，徐宝珊貳串；

田孝士、田明哲貳；陳道㒷、田世明壹。

民國十六年歲次丁卯季秋月吉旦　　八峯山人徐正鏞笙陔氏敬撰并書

彪炳千秋碑

鉄鎖橋碑

【簡介】

原碑位於鶴峰縣容美鎮屏山村二組，現藏於鶴峰縣博物館碑林。分為三通（从右至左排列），第一通碑高144、寬72、厚20厘米，第二通碑高120、寬72、厚26厘米，第三通碑高128、寬71、厚27厘米。材質皆為灰白色石灰岩。方形平碑首，碑文皆為楷書陰刻，共計2090字。鉄鎖橋碑為清光緒二十二年（公元1896）所立，敘述了屏山鉄鎖橋修建的來歷及維修經過和相關人員。

【原文】

鉄鎖橋[1]

衆修功德，永垂不朽。

朝廷設官分職，予之疆土，使治其民，故百里□□□責任綦重一邑之內，凡事之有害於民者去之，有便於民者興之，斯為盡職而無□焉？鶴峯山陬僻壤，本系蠻洞遺區，州城東銀朱寨紫雲宮後，兩面距河甚廣，高峰对峙，石壁千尋，昔土司建有鉄鎖橋以通行，□□□躡屩者便之。迄今二百餘年，橋久傾圮，過此者恒苦病步。若舍此而就他道，則又山重迂遠，殊勞跋涉。□□辛卯夏奉檄來權州篆，幾及二年矣。始以南役之越境騷擾，邊氓苦累，力陳上台禁阻之，復以鄰□□□煽誘，愚民無知，被其裹脅，以為可保身家，孰知自罹法網，亦將匪酋拿獲，盡法懲辦，而免脅從之罪，邊□□□始□安枕，是有害於民者，則固去之，不遺餘力矣。其有便於民者，則有采芹會一舉，賴邑紳候選訓導李澍馨、尹高林潔清，自天廣為勸募，業已捐成鉅欵，擬定章程通详，各憲批行在案。然僅有益於讀書寒畯，而於□□熙□者，仍未能周及焉。然則此橋之建，其可緩乎？孟子云『歲十一月徒杠成，十二月輿梁成，固有司之專責』。今□□代，及期，而此志未逮，終覺抱憾。爰集邑紳等商之，皆欣欣然，願請從事，不敢以勞倦辭。可見人之欲善，谁不□□用？特捐廉首倡，發給印册，即由该紳等勸募，俾集腋以成善舉。從此長橋波卧，無虞天塹之險，自免迂道

1 又名天心橋，位於爵府坪山峡穀之上，據（清）顧彩著，吴柏森校注：《容美紀遊》，湖北人民出版社，1999年，第321頁。載：『下坡過天心橋，在兩崖間下臨七十仞深澗。』

□□，其利涉通道，受益者又奚止州人已耶？用先為之序。

欽賜花翎同知銜署理鶴峰州正堂袁序　　首人徐心斎　十千　張紹坤　楊章春

署理鶴峰州正堂加二級記錄四次記大功五次湛　捐錢拾五千　向翠亭　二千　趙文明　張正喜

欽加同知銜本任當陽縣調署鶴峰州正堂李　捐銀貳拾兩　覃鶴亭　各　千　唐太書　各　聶心誠　各

鶴峰州儒學正堂鮮于光煥捐錢二　千　張近安　二十千　文　何慶斎　千　梁武才　陳大金

衛昌營遊府吳　捐錢六　千　泰和合　十五千　文　□鏡軒　千　李詩進　捐　陳大玉　捐

衛昌營副府張　捐錢四　千　文　田元化　各　十千　□中近　捐　二千　邵士東　周宏富

鶴峰州右堂李　捐錢二　千　田水云　十二千　□集堂　二千　黄世元　錢　周宏貴錢

倡修首士候選訓導李澍馨捐錢十五千　田世見　十千　周□亭　二千　文　鄒洪太　向廷友

候選訓導　尹高林捐錢十　千　田世昌　捐　十千　文　王清泉　錢　□千　田世登　一　徐光斗　一

把総　李光德捐錢二　千　文　徐星美　五千　陳大林　二千　田業浩　王明萬

李　捐錢二　千　向孝玉　五千　文　余秀山　二千　易秉宜　千　康元昇　千

吳仲銘捐錢一　千　田中愷　錢　四千　田丙壽　二千　趙本元　朱方得

衛昌營城守　江　捐錢二　百　陳炳燃　三千　文　趙□金　一千四百　易秉茂　文　向基列　文

衛昌營副城守　洪　捐錢□□　□□□　□□四百　楊文成　向基□

□司百總尹□□捐錢六百文　徐□志　八百　向列貴八百　喻德從　汪明義　徐海峰　田世□　卞正云

主司百總龚祖煊捐錢一千文　畢昌泮　捐　八百　田玉年　余美恒　黄裕元　黄世品　田世全　卞正化

前司百總陳啟後捐錢四百文　田列高　八百　李萬順　各　程明太　各　陳萬林　各　范乾見　各　田世孝　汪義坤

李朝倫　甯之文　錢　八百　陶金元　田閏礼　覃容斎　趙得魁　高日井　各　王得章

田元坤　李天純　八　鄭福聰　戶　鄭福明　楊代父　王大由　方宗元　向文科　各

魯集生　龚勳臣　黄世禄　李玉連　陳耀記　張得成　捐　秦萬順　戶　胡善長

易果忠　余大榜　各首人　田河郷捐　鄒大望　捐　陳國元　捐　田友得　危吉丰　陳福友

李啟真　熊永国　捐　朱連真　李正才　何萬太　田永勝　汪大友　胡善友　捐

江右順記　楊凌霄　覃文瑞　錢　張象典　楊文美　楊永萬　李文定　錢　田林壽　捐　田恩壽

廩生朱文筆　各　洪應昇　各　田宏順　六　尹鵠臣　王士高　李國喜　刘宜孝　朱光松　朱光楝　錢

王朝科　李子鶴　陳梧生　百　蕭巨川　錢　易中前　錢　田永浩　錢　覃文炽　李光敏　姚明申

易忠清　張大美　田世錫　文　文明臣　王書常　田元坤　芦玉和　三　卞祖元　向恩福
梁武臣　捐　刘以知　錢　向清玉　錢五百　文佑浦　黄裕華　李林方　向宗見　高子元　錢　朱其先
田列清　畢昌茂　田松壽　易秉科　彭啟全　田永閏　徐光玉　百　姚作柱　易中本
陳鴻鈞　李明越　余開勲　各　何宗全　四　彭啟浩　余紹臣　張立南　陳紹桂　譚田栢　壹
張象維　錢　高楚新　一　張大松　刘勳與　彭啟真　四　洪登進　四　何宗旺　文　王得盛　二　刘西丙
徐小亭　陳九如　梁武孛　戶　陸啟桂　趙明與　田大元　黄太平　二百　田大元　嚴祖和
李佳登　二　張從聖　梁武昱　徐太然　彭宏近　向宏盛　田思義　熊祖配　向茂良
彭紹先　千　李南階　千　卞祖望　捐　王音奇　百　胡忠義　姚明鏡　周得升　各　熊永杰　謝遠配　百
刘守金　二　雷萬和　刘百先　余萬清　馬福友　百　孫其瑜　百　向永章　石之純　百　秦圤客
龚明太　陳怌玉　趙衛玉　銭　官秀陶　向永茂　甯光喜　向永海　錢　向武德　陳圤客
千　覃文柱　文　范健亭　鄭長元　向永成　李佑孛　向永從　向武福　方得順
覃文美　鲍孛祥　五　李佳寧　文　張世邑　田世忠　向永浩　二　李昌明　陳世喜　文
易中本　徐光月　張正才　張德朝　文　田世浩　文　向永高　李昌科　文　龚方義
田香亭　余開太　百　張正浩　張德真　田世大　向永化　百　李昌訦　田中得
田宏善　刘昌里　張正喜

□□□　王士元　□□□　米秋真
候選訓導朱大鴻一千　馬引斋六百　張湱富　丁仁山　□□□　曹光友
生員　刘華章一千　李文申三百　向文愷　向基才　□□□　方德孝　蒋貨客
張九如六百　謝圤客四百　周才□　各　田水潤　各　□□□　文明才　各　汪国槐
徐海峰六百　刘西純六百　唐弟恩　訦門朝　張大孛　徐朝德　楊福全
官秀棟六百　周貨客六百　向廷治　刘華貴　葉桂枝　羅慶丰　向宏亮
張楚倫六百　洪復興四百　向廷玉　戶　田業釗　戶　刘西純　黄光舒　戶　向宏如
李星武四百　向廷元　吳勝友　梁武中　各　李緒釗　周沛潤
易中斗二百　胡善貴　熊方信　徐慶美　彭開榜　田列茂
楊思喜二百　胡善考　捐　周光耀　捐　成明亮　彭于祥　捐　馬德普
唐科登　潘長　訦紹美　捐　吳自聰　馬德耀　各

胡中見　胡中寬　楊㒷元　王作善　馬德從

田萬順　銭　胡中孝　銭　田思義　銭　胡㒷順　銭　馬德海　捐　廖永中

洪謨斋　張㒷品　朱連富　刘耀堂　易秉化　田開井　各

吳吉堂　鄭其吉　程秀謨　黃玉秀　易秉玉　銭　王渂之　捐

汪仁忠　二　黃世明　二　林得謨　二　汪明義　二　易秉恒　胡基康

田開孝　黃世杰　何宗夆　田元孝　黃應芑　二　杜春發　銭

田開才　覃文振　朱守先　朱明常　甯光壽　杜春富　朱明祥

田福松　百　周科愷　百　朱守義　百　朱明炎　百　甯光福　百　杜春貴　二　周沛润

田福寬　向聖春　朱守見　朱明聰　甯光柱　杜春友　百　田業茂

侯大浦　朱定国　周封□　高相美　朱明考

刘簡斋　方遠才　胡忠本　張仁福　朱明祥

倡首主建募化領修李太松捐錢陸拾串文

大清光緒二十二年次在乙未仲春月吉旦　匠師趙怌德監立

鉄鎖橋碑　之一

鉄鎖橋碑　之二

鉄鎖橋碑　之三

豁步橋石刻

【簡介】

石刻題記位於鶴峰縣容美鎮屏山村二組。石刻距地表245厘米，通高38、寬70厘米。材質為灰白色石灰岩。楷書陰刻。豁步橋已毁，現仅存橋基。

【原文】

豁步橋

天然橋碑

【簡介】

碑位於鶴峰縣容美鎮新莊村二組。通高137、寬61、厚19厘米。材質為灰白色石灰岩。碑首頂角斜切，浮雕雙龍戲珠。碑身中部線刻行書『天然橋』三個大字，兩邊為正楷陰刻，共計15字。為清康熙五十四年（公元1715）所立，該橋橫跨漊水河，連接觀音坡和屏山爵府，為容美土司司主田旻如所建，現已損毀（彩版一，1）。

【原文】

乙未冬鐫誌

天然橋

碧峯[1]天然主人建

[1] 容美土司末代司主田旻如，字候期，號碧峯。

天然橋碑

百順橋碑

【簡介】

碑位於五峰縣灣潭鎮鎖金山村二組。通高196、寬86、厚23厘米。材質為灰白色石灰岩。方形圜首碑，碑身楷書陰刻，共計1692字。百順橋係容美土司主田舜年修建，於清道光二十八年（公元1848）垮塌並重修[1]。碑文的前部分記載了清康熙二十七年（公元1688）田舜年在水濜、百益、五峰、石梁等處的經略，清康熙二十八年（公元1689）十月到清康熙二十九年（公元1690）春期間田舜年率隨員進京晉見皇帝後返程，回司域後尋礦、修路、建橋的經過，碑文的後部分記錄了容美土司部分下屬的官職，是一通史料價值較高的碑刻，現為第六批國寶單位（彩版一，3）。

【原文】

百順橋

山川待人而興，地亦乃待天時而成事。舜年無才無德，癡頑□子。自承□先緒以來，凡祖功宗德所□□□而未了之事，靡不次第舉行，自丙寅歲《容陽世述錄》刻行後，所有舉措已畧載于錄中矣，丙寅后無聞也。從伏丈夫行連天□相□□國□必稱迷，□□□後者不載，子紀則勒于□□□以因該橋戈而□□而勒石以附載矣。況丙寅已後之行事，皆路經此橋，可以見山川人力，天時皆相需而有矣。舜自丁卯春，□年山之上平□石天心橋之□頭□□闢□□□田□□□紫雲宮堦廛市我□□□後日得仗□衶而山□成茲等橋也。始經始于石梁、五峯、水濜、深溪、通塔等處矣。丁卯之冬，先命二弟慶年，標員田克敦、向文憲等，率領軍丁安插于數處。戊辰春正□□二弟慶年□□□□石梁世守，二月舜始親至各處，初七先至水濜，結茅居住，十五上百益，二十五過五峯至石梁，凡所布人皆□□親至焉，二月差員進京自陳諱學甫及上疏請給誥封，蒙皇上天恩，准給祖父已身三代誥封，□開天下土司請封之例，初六由五峯回水濜，□所修觀□□□百益，結草堂居之，四月初七，由地城路回府，是日過紅口，見日蝕之異。六月初七立水砦先少傅塋前華表，七月始報壬□□□□□□□天之幸，三出師而三致克捷。九月霜降后，十月初一復由地城路

---

1 湖北省五峰土家族自治縣地方誌編纂委員會：《五峰縣志·卷九·交通》，中國城市出版社，1994年，第206頁。載『位於五峰與鶴峰縣交界的婁水河上，設縣前由土司田舜年修建，道光二十八年（公元1848）由長樂縣重修。長33米，1969年由鶴峰縣再次重修』。

至百益，遂成樓，落成而始居之。十二月已排解差官至，始由紅土崗、新路轉南府而回。到平山之次日，即下中府，會文武兩官止。為㒷山縣令阮城□□十四差官始行回。正月賤旬後，復命内眷先至百益。二月之望，舜復由紅土至百益，始立百益之関夫子庙。二十下五峯搭綸音橋，橋舊無名，以是日舜自五峯發自陳□□陛見，本章因名焉。是月五峯之関庙亦成，而圓通寺之相之寺已先成矣。四月經百益由紅土而回。八月二十又由石梁崗至五峯移居，得俞允報至，因名曰『聞喜樓』。九月暫轉百益，點霜降，因民力而前池成。二十鑄関夫子金相，成相，重五千斤。是日，部文至。十月初一自百益束裝北上，初六至枝江九兒寓所，候昞如自宜陵來別。初八登舟，由荊州内河往省，十五日抵省，謁督府丁諱思孔，拯其隆遇。會潘司于諱養志、臬司李諱鈉，乃□前督李蔭祖之子，閫司張諱大用，皆情深莫逆，莫非皇上天恩所及也。二十二自漢口起行，初七過黃河。是歲冬旱，一路風霜稍減，領略頗多。二十日抵京，二十四進朝，本兵部綠頭牌啟奏，交礼部擇日引見，發主客司經承應付口糧等件。二十六午門謝恩后，礼部引至太和殿左掖門候旨，皇上小齋不安，不御門，而此是後日日待詔，直至十二月初十以進朝，感冒遂成大病，幸遇名医數劑而微愈。至十五日始有御門史旨，因帶病□朝見于乾清門金獅子下，得邀聖眷，乃破西南未封之天荒，是後復病，因封印而不可進朝。至庚午正月十三，始頒賞謝恩于午門，后復見于乾清門而回。至二月，始由襄陽荊門州小路而徑至枝江，二十四抵百益。三月初十始回平山，而九峯橋祖茔之華表舊因壞久□而成矣。七月二十一復由此地城至百益，因五峯修鑑閣，中秋復回百益賞月于遂成樓下，而后湖成。又九月回平山，而此蛮紅峒之橋，經始三十八日，差督役兼尋銅礦，因分命各旗，自内自外，遍修道路，嚴法督治，而北經茅尖橋，及至界外，而石櫟經上崗、金山、對城、百益、龍虎平等處，皆变昔日之畏途而成康衢矣。至今十一月之望而橋成，因勒石而命之曰『百順橋』。盖以舜季無才無德，如太史公所云『事死多天幸』云爾。

旹皇上康熙二十九年庚午嘉平月，容美驃騎將軍田舜季，撰于平山之新遂堂。

應襲管中营副總兵官田昞如，弟管石梁安撫司兼左营副総兵官田慶季，中軍後营副総兵官田克敦，右营副総兵官田遂如，前营副総兵官田登季。

標下：

威旗营副総兵官通塔平長官司唐遇隆；金厢木梳平長官司鄧高恒；長陽千户黃文光；内中营副將王緒；中营旗鼓黃㒷仁；連天副長官覃希皇；蛮紅洞長官史希純；支柘平百戶譚播楚。

前行营署副総兵事掌傮征百户印向文憲；長茅関指揮使司覃顯喆；長灘參將覃甫臣；内左营副將桂崇皋；領纛遊擊刘民安；大龍平長官鄭楚珍；尹家村參將尹仲捷；茶寮長官黃子賢。

椒山安撫使司刘躍龍；瑪瑙砦龍長官司刘守柏；貼堂經歷司向日基；新龍副將柳旺隆；内右营副將田絳季；客星营副將洪国正；砦龍指揮司刘方品；支洞長官鄭楚文。

五峯安撫使司田耀如；石宝深溪長官司張六謙；百益副經歷覃顯勳；南里長官向登程；内前营副將董正芳；桃符口長官向宗選；馬嶺頭長官向金甲；大里長官黃大孝。

水濜安撫使司田圓南；下洞平茶長官司唐公介；傮征所千户田豐季；南團千户譚天輝；内後營副將唐世家；龍家垻知州龍遇雲；黃家村千户黃立祖；經歷堂經歷向國印。

芙蓉州土知州向大成⋮，巡邏經歷司□孫田家鼎⋮，大里土知州李安正⋮，蒲龍長官鄭希高⋮，標營副將向邦峻⋮，田下口参將鄭家正⋮，五花寨参將向繼霆⋮，龍宮長官田弘基。

督工⋮小虎旗覃應奉⋮，動旗向日旦

吏司唐鎮藩錄

百顺桥碑

新改荒路記石刻

【簡介】

石刻位於五峰縣灣潭鎮茅莊村五組。石刻距地表高120厘米，通高154、寬150厘米。材質為灰白色石灰岩。楷書陰刻，全文共計2051字。為康熙三十二年（公元1693）所立，介紹了容美土司修路經過及下屬姓名和官職，是一通史料價值較高的碑刻（彩版二，3）。

【原文】

新改荒路記

昔云：蓋古主扵洪荒，□□□烏蒙未判，天下皆荒也。自地闢扵田，㠯平沙廣土者為中原。留此嶢峭叢沓□□小獻，綿亘扵兩極，以為砥砫。在巨靈氏，亦不□揮其斧□□荒，或亦其支庶雜派耳。自堯甲子後而遞下之扵今，幾四千年矣。四千内以求之，□草□開謝，雨落星散。是今四千年以后□□，車轍馬跡□□□□，□□□九峯始矣。安容不記之，㠯見良工苦心乎！容陽之肇有宗社也，源自唐宋，其記載在國史家乘。茲荒乃其東偏□□屬，尋漢土通行之要□□□難，人何以故不踐履扵此，而走險扵所謂石梁崗者，窮月□□五十七，渡之洪波巨浪，勿論凝寒密雪，人之疾□為可愍，即使炎蒸三□，□雨漫流，頃刻阻其行李，每背忍饑待斃，候水為進退。相傳有奉使者，煮皮包以充飢，心憶其味，得無飢主嚼蜡，尋典屬國之臥雪飡氈等乎！余亦過此不□，乃少不經事，兩起為趋謁心各此，一為奉父命而擒二叛属，皆漫無可知。自承緒以來，凡先人祖壇，不敢偷安自怠，無不在淒烟亂艸中，次第□理，□□灣潭外，至漁陽交界，如今之帥府、麥庄、五峯、水濜、石梁、大村、龍虎坪等處，人見其小民樂土，不盡知，為九峯焦心劳思，舜年搜据于彼，卒瘏之所成也。自今則視外昇内等矣。所㠯自戊辰仲春，料理過此□，後見其行李艰难，無不困頓□矣。夫無不虺犢之馬騎，因而遍訊有無可改之路，皆以前人未經著手，理之以必無者越之。余亦㠯為識見不以過前人，信以為無之矣。□□總□上崗一路，視其水，則不過三十餘道，其波浪差小，急命修而行之有年矣！及今癸酉之春，以司來五峯為曜兒建造衙宇，不得不取□過此心眼□□，見此山勢又有可通之形，因遞問眾口，天假奇緣，有人扵無意中應曰：『適有老人九十餘歲者，言其十七八時自湾潭起身走□，抵栗子平，日尚未西。』余刻不可待，即遣人背負此老至湾潭伊婿家，則此老龍鍾不能動履，且春寒餘雪，寒□執不可捐，多指示其約略仿佛扵人。有能事小民曰『田弘元』者，專走深荒。因聆其語而踹探之，往迴六七日，果得畧約仿佛之形而通焉。余喜而賞之，因正命□力旗目，□之□□往以定其道，其可修之形，勿致浪費民力，不知其人漫不曉事，乃復命曰：『隔岩深險，萬萬不可行矣。』余怒而置之，眾人不解此二人之言焉！□而置之，余心則不□也，於五月下浣由大村回平山。心恨此數人逆，知其為不實，因加以徒刑。幸有中軍官田克敦，知余此心，彼亦明知此路可通，如余所見。乃僉差伊部能力頭人田三元，與余所差旗目同往，不惟得其可通之路，且得直截一定之形執，是以於七月下絢□，發師□□□欺詐之恥，幸而大捷，即□□而不丹举，酌撥人夫，八月上朔而修成。今日之康衢，不止於石梁崗之畏途不同，即彼善于此之紅土崗，所以□□□□□於此路，同□□大病涉終度外矣。所可□于我容陽官道，皆至余而始大修，凡協心料理者，惟亡弟慶季為最，恨其不見此路已可通也。□路□可四十里，過□千有餘矣，計二三千有餘。□以此思之，千首未有之持見，至余不才不德而成之，庸非彼倉之默祐乎！余甚惧之，此其紀□□□，自創土□□□路□□之峻，青谷互亙，□以有廳得之路，在此中絕之。山不改路，路不離山。登山不見崇高峻嶺之可苦，其間頓休怪□村，如真有古為國所□者，有□馬石所□，而□□者，百□其形皆山中人所僕見，且目寂寞之□，恍如有人烟□里，接踵於兩岸者。以至高□□内，天不□羣□，不□其身在天生，如前約之，是□□□官□之中者等也，並非余一人以心快美之所□，修擬私人者同，待□□□□□□□□□□□□□心□天幸之□。

容美□□□軍□□□田舜季撰於五峯之□□□

左營副總兵田慶季。福建□□□武陵應襲管中營副總兵官田昞如。

□□□副將田□如。五峯安撫使田曜如。標營副總兵田暢如。

庶孫□□□安撫使田圖南。椒山安撫使司劉躍龍。丁營副總兵田克敦。前營副總兵田登季。右營副總兵田遂如。

□□□□兵官唐遇隆。前鋒營副將唐世家。火器營副將李如□。□□□□向文憲。内中營副將王緒。中營旗鼓田□如。□□□□黃亙仁。深溪長官张六謙。下洞□官唐公介。□龍長官□□林。

□□□□□□□□。□□□知州覃□□。□□所千户田□□。芙蓉土知州田燦如。

内左營副將桂崇高。内右營副將田絳季。内中營副將劉民安[1]。内前營副將董正方。内後營副將唐世隆。

大理州知州黃正安。南里長官向登程。尹家村參將尹仲捷。南團指揮司譚天輝。桃符口長官向宗選。

馬領頭副□□□□。百溢副經歷覃顯勳。長陽隨征千總黃文光。金□□□平長官鄧高□。□□□□長官田□□。

勳旗向日旦。城旗□□選。南旗田□如。□旗向 逵。□旗田□霖。

忠旗田雲霖。宣旗田 吉。右旗張之貴。宗旗李逢壽。翼旗王在德。

常旗□ □。定旗唐鎮藩。星旗田芳霖。光旗田春季。恩旗汪尚倫。

威旗唐世□。振旗田化方。建旗田勳霖。揚旗劉正用。匡旗李逢春。德旗田制祿。鳳旗田晉霖。

---

1 清康熙二十九年《百順橋碑》中記載為『領纛遊擊劉民安』，清雍正十三年《待贈内中營副將劉民安夫婦墓碑》中記載為『清故待贈内中營副將劉民安』，此處疑為劉民安在不同时期官职。

□旗王應□。敬旗向安□。左旗向輔世。麾旗田祖武。勝旗董大如。寧旗羅應文。巺旗向甲第。

功旗田□季。昌旗田□□。

小龍旗田□。小虎旗□應風。小彪旗向日旭。小□旗□□□。

□旗唐世□。□旗王性□。

督工

高旗王性敏。衛旗田培德。

千總田三元、金帛。把總田宏元。

仝立

本府石匠高昇、黄一德刊字。

新改荒路記石刻

山高水長石刻

【簡介】

石刻位於鶴峰縣容美鎮屏山村二組。通高59、寬175厘米。在地表灰白色石灰岩奇石上楷書陰刻『山高水長』四字（彩版一，4）。

【原文】

山高水長[一]

[一]據（清）張天如等纂修：乾隆版《永順府志·卷之十二·雜記》記載『石壁有墨書「山高水長、億萬斯年」八大字相傳容美桑植二司尋盟於此書之』。

山高水長石刻

萬全洞記石刻

【簡介】

石刻位於鶴峰縣容美镇屏山村三組，刻在萬全洞内右側石壁之上。通高62、寬97厘米。材質為灰白色石灰岩。正楷陰刻，共計49字。

【原文】

萬全洞記1

平山之麓有萬全洞焉。自非排空馭氣，穿雲破石，罕得與人境相通，而九峰先生一朝得之，以為藏書之府，不亦快乎！

1（清）顧彩著，吳柏森校注：《容美紀遊》，湖北人民出版社，1999年，第328頁。記載：『十五日，邀遊全洞。……命石工磨崖間片石如鏡，朱書刻之。詩成，隨寫於上。會雨後，石汗如蒸，朱字漫漶，乃留稿待異日刻成拓來。』推測刻文為顧彩所撰。

萬全洞記石刻

平山萬全洞記碑

【簡介】

碑位於鶴峰縣容美镇屏山村三組，在萬全洞上方山頂。残高67、寛91、厚10厘米。材質為灰白色石灰岩。碑文為楷書陰刻，共計367字。赑屃碑座，現已損毀，僅存下段残碑（彩版二，4）。

【原文】

……□其然而……山之裏，平……□公扵此有秊，稱不……□之地，南關保安橋，飛**虹天半，又八峰十景之一也，創自先曾祖郢陽公。今東關古**[1]城，是其經始遺堞，先祖**太初公造廳事數楹於橋之東偏。至大伯父雙雲公，時值闖、獻肆訌，不信文相國之謀，以致**張惶遠避。及至事後，始痛**定思痛，而大修其城，即今東關之新城也。雙雲公即世，二伯父夏雲公僅**遵成事，迨先少傅公始稍**修理之。自夏雲伯與先少傅兩任間，流賊竄擾，歲歲用兵，皆以天泉為根本。蓋天泉**小，土軍各自耕種，招致為……**稍需為城，至余始克，壯其猷……以天泉**為肯構，以九峰為司治，載之……建瓴而下，眾議始定厥居，又……住天泉，往來道中，對山見洞，圓**敞如畫……大**石填塞，僅一二許丈平地，為□……**水皆由石**中行也。余盡起其石，築為城**臺**，……亭臺樓閣，稍稱完備，以今□……□紀事著其可見者，如此要……□八韻俱在，尚當為余和之。

□如　琯如　弟田慶季

向萬□

1　黑體字為參考（清）吉鐘潁等：清道光版《鶴峰州志・卷十三・藝文志》中《平山萬全洞碑記》所補。

平山萬全洞記碑

保善樓記碑

【簡介】

原碑位於鶴峰縣容美鎮龍井村四組，現藏於鶴峰縣博物館碑林。通高76、寬123、厚31厘米。材質為灰白色石灰岩。長方形，碑文楷書陰刻，共計428字。文末鈐刻有『田旻如印』及『字侯期號碧峰』两方印信。保善樓為容美土司重要建築之一，幾經興廢，田旻如在清雍正二年（公元1724）再建並撰文刻碑以記。碑文記敘了該樓修建、重建經過，並介紹了樓名的來歷（彩版三，3）。

【原文】

保善樓記

聖人云：善人為邦百年，亦可以勝殘去殺矣，則其善之為利大矣哉。楚書曰：惟善以為寶。是善之為利又溥矣哉。余何人才，而敢曰善，人又何敢孤負曰善可寶。揔之乃祖、乃父積德纍仁，貽厥孫謀，使子孫蕃衍，邦國奠安，世職綿長，而書香如縷，豈非善人為邦能勝殘去殺，而貽謀善後，子孫世享其德澤者乎？故題其楼曰『保善楼』。夫保者，安也，取其能安於善之意也。原斯楼之創，先大人記之，已詳且悉，余何必再嚼其蜡，獨是先大人創之良苦也。初創楼於此基，因不甚曉亮，遷正衙後，其規模弘大，轉湾抹角，百孔千窓，真令人不淂其門而入者。內可藏萬餘人，有池水，有蓄粮，何異於深溝高壘也？余不肖，妄聽行家之言，乙未歲，因折而毀之，數年隱忍在心。余守成者何？自承緒來，所毀者難以枚舉，細柳城、平山、雲來莊、萬全洞、萬人洞，此數處俱緊要地，尚且毀之，他如南府、帥府、北府、天泉等處，則不必過問矣。古人『云撞破煙楼』，余也折毀為事，真心能折破楼也，孫仲謀、李亞子有此舉乎？否。余構此小楼，以继先人之志，故名之『保善』。保善者，盖因先人之貽謀善後，而子孫保之，以安其善，是保先人之善也。故以為記。

旹皇清雍正二年歲次甲辰菊秋穀旦

碧峯旻如撰於丕承堂

田旻如印　字雁期號碧峯

保善樓記碑

於萬斯年碑

【簡介】

原碑位於鶴峰縣容美鎮龍井村，現藏於鶴峰縣博物館碑林。通高174、寬78厘米。材質為紅砂岩。長方形，碑首頂角斜切，碑文楷書陰刻，共計438字，刻碑年代不詳。

【原文】

於萬斯年

福田寺，容美古刹也。自乾隆五□□□大水淹沒殆盡，邑人士鏤金重修，百廢具舉，而獨有拜亭□□□□也，或亦事之。在所得已與丁□夏住持僧宏開，因念前人有未竟之志，弗克續成，未始非缺憾事也。緣是城廂募化構材鳩工，越數十日，而拜亭一新，噫！覩斯亭也。謂□□門中之勇於為善者哉！夫人有一善足錄，即不可沒，而衆姓之□□□□□□□□□□。

李相臣、洪學溥、陳應詺、謝紹龍、□光表，捐錢五千文 □□武、□□林捐錢四千文 □□□、□□王，捐錢三千二百文

謝紹魁捐錢三千文 張士杰、李定才、張士俊、洪學欽、陳應宗、易品謙、徐承義捐錢二千文 楊飛龍捐錢二千四百文

陳朝恒捐錢二千二百文 李耀龍捐錢二千文 陸光武、□□□捐錢一千二百文 鄭安□、徐光祖、姚大貴、龍世□、徐良純捐錢一千文

姚大□、洪學美、吳學海、徐允柏、□太和、陳□華、周興號、程允愷、黃品端各捐錢一千文

李朝貞、田士蛟、張定□、陶勝德、張登選、劉以志各捐錢一千文 張子□、王□□、徐□□各捐錢□□文

高澤均、高澤城、高澤坤、鄧文龍各捐錢八百文 田愈盛五百 鄧開紅、□□□、□□□、□□盛各捐□□□

李士明、劉均理、陳世□、李應□、田昌遠、陳□瑞各捐錢□百文

□□八月 □日 住持僧宏開徒超□□□□雲

於萬斯年碑

萬人洞記石刻

【簡介】

石刻位於鶴峰縣容美鎮廟灣村二組，洞口内城門右側外牆上鑲嵌。通高40、寬100厘米。材質為灰白色石灰岩。正楷陰刻，共計162字。為清康熙三十七年（公元1698）所刻，碑文記載了田舜年見萬人洞頹壞，重新營建此洞的經過（彩版二，5）。

【原文】

萬人洞記

左右兩洞，輔車天相。肇始戊子，吾民保障。緑林頻窺，莫敢正向。自余承緒，首來閱視。

見其頹城，拳石兒戲。別圖營構，另載厥記。後城細柳，乃再來觀。心斯在兹，尚未遑焉。

及今戊寅，方克力專。霜降前後，全力是肩。感天造就，磐石重城。楼臺菴觀，比比皆成。

官民永賴，萬年隆興。勒石紀畧，於城之門。

旹

康熙叁拾柒年菊月廿三日容陽尹

驃騎將軍田舜季九峰甫撰

應襲中營昞如

次男旻如　琨如　曜如　暢如

庶孫圖南

萬人洞記石刻

紫雲宮碑刻

【簡介】

碑位於鶴峰縣容美鎮廟灣村六組。共两通，材質皆為白色砂岩。碑文為楷書陰刻。一通殘高42、殘寬33、厚16厘米，共計74字，為清康熙三十四年（公元1695）所立，碑文記載了紫雲宮在容美土司康熙時期的宏大規模。另一通殘高36、殘寬35、厚8厘米，共計119字，為改土歸流后所立，碑文記載了紫雲宮自改土歸流後經歷代重修，香火鼎盛的經過。

【原文】

由虔诚矧兹名山湖北鶴□

清康熙三十零有四春岁次乙亥

繁甚世遠年久金頂朽壞前后

□葺已具規模功程浩大难以告

□奕感有一德福有攸□

是以為序 田應富 各周

胡秉斈

田㒷貴

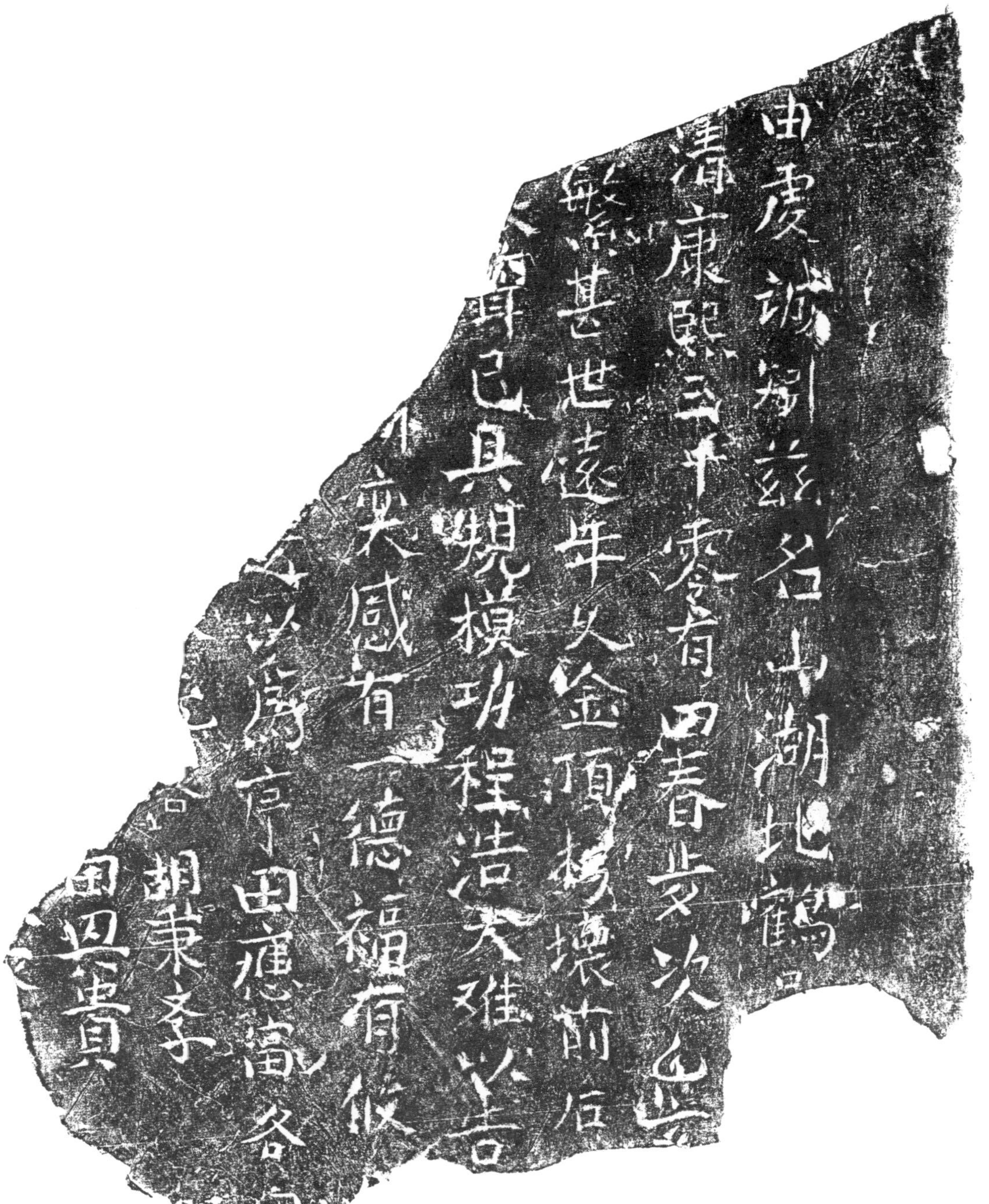

紫雲宮殘碑

【原文】

遠矣。我鶴自改土以來，仍前宇以重修，神威赫赫，有□

風雨剥落，神像則塵烟繚繞，殊不足以壯觀瞻，□

修，普化遠近，檀那神像，敬装金彩，輝煌。

田永壽　六（两）　何□

蒋光朝　三（两）　□

蒋成焕　六（两）

蒋光夅　三（两）

向鳳文　二（两）四錢

姜公礼　一百六十

□文志　一百六十

□科　一百六十

□　八十

遠矣我鶴自改土以来仍前守以重修神威赫、
風雨剝落 神像則塵烟繚繞殊不足以壯觀瞻
普化遠近檀那將神像敬裝金彩輝
田永壽
蔣光朝
蔣成與
蔣光祭
向鳳支
妻公礼一百
文志一百
升一百

紫雲宮碑記

細柳城官堰記碑

【簡介】

原碑位於鶴峰縣容美鎮細柳城村二組，現藏於鶴峰縣博物館碑林。通高118、寬52厘米。材質為灰白色石灰岩。方形凸首碑，碑首頂角斜切，碑文為楷書陰刻，共計219字。为清乾隆三十四年（公元1769）所立，碑文記載了該堰原為容美土司所有，後被充作官堰的經過。

【原文】

細柳城官堰記

苦竹故垻，細柳新名。因二主建立城池，挑提此堰以配風水，相傳一十九代土司，以前無論耳。今我皇上御極之初，正容美归流之始，凡茲田土尽為前土官夫人覃氏出賣，後哀求泣訴，因留大堰一所，以為細柳灌溉之資。於戊午年，蒙允毛憲建先農壇於此，又飭保正朱明、周飛龍看守，以為官田資灌。有黄天開、王彬等相圖覬覦，以私廢公，蒙前憲不准，賞給今向進矣，仍效故智等因，合控州主。方憲於乾隆三十四年三月初四日，因廳主施親採勘析，永作官堰。茲並刊於此，以誌甘棠之遺愛云。

並記

旹乾隆三十四年十一月二十一日　並立

細柳城官堰記碑

情田峝記、捷音者叙石刻

【簡介】

石刻位於鶴峰縣太平鄉唐家村三組，在情田峝洞外右下端石壁之上。石刻通高126、寬150厘米。材質為灰白色石灰岩。正楷陰刻，為田舜年所撰。《情田峝記》1021字，《捷音者叙》534字，兩文共計1555字。記敘了康熙十九年（公元1680）營修情田峝及大敗永順、散毛諸土司于情田峝外之經過，有重要的史料價值（彩版一，5）。

【原文】

情田峝記

昔人云：山川待人而顯者也。以予思之，若夫五岳名山，大之崇高巨壑，小之培地睦水，碑銘所經紀，題詠所評扳。歷千百年而使人景俱在，讀者之目前者，是又如半□所云，人自附山水而永久也。以是而推，不僅人有知遇，而山川與人更有知遇也。

予自嗣守□□先緒以來，經營創造，曰南府北府，曰西平天泉，其間□仙宫佛寺，南有大田張王，北有仁和平田，城隍保勝，水月東山，西平則有保田三□。目之所見，無非土木要之，罋怨築愁，是予臨深履薄之所。首惕斯，皆屈群策群力而漸成之工。後世子孫有伊尹之志則可，無之，断不可復加，此皆恨有之。山川，汝一旦而遇，子予者也。唯是樹功路一隅，積思有日矣。何也？是不僅為門户之樞机，且人自奇峯而進，胸目為之豁然一新。

西陵□文太史過関外合掌岩，有詩寄。先大父云：岩名合掌，千林繞山，擁□貞一水，斯是实進其高，以言水川□□之流秀，階断于諸邦也。且頻年來，予于祖父時未了之報雪，一一稍為通當，惧此一方之民，如鳥獸之散處也。欲得困守村落，使如右俗，首望相扶，疾痛相循，使可明悉教戒。如臂之使指□□結局者，歷丁巳、戊巳三年矣，而三年之内，報桑人欺侮之仇，平忠洞負義之仇，雪東鄉以完□先世未了之恨，收疆土以全身，興開成之務，靡不由此点兵發哨，衆營鎮過考累累，道其墻垣淺高，半為頽壞。子因思其制庶，禾隘竟成泥海，不唯民無安宅，而以不能持守之，墻圍皆抵高山，設使仇方肆志，則是予□不保民，而罪在罔民矣，焉有仁人而罔民為也。

自冬至春，無刻不與營鎮及諸友，如宋志仁者，苛計必于來秋七月半后，舊例為民間草罷□時，非七月則□墻又不堅。是以于今庚申七月初四日，予自西平長發，九十月之期，以待酷暑炎蒸，劳民劝勉，衆勤易夆，成此壮观。于垣外一箭之左，建以帝君宫，顏曰『威寧』，□仗威而使吾民得以有寧也。右山外其秀處，有若情川之望武漢，因奉□玄帝，顏曰『佑勝』，感頻年之佑勝，復亿佑勝于万年也。□□之中，于嵦之下立衙宇數楹，中起一樓，顏曰『昭遠』，取其山無遁形，水無藏秀，歷歷在吾目中。□是砦者之左首峭壁刻畫間，復有一洞，週環可十丈餘，內則空洞万派，一穴可通大嵦。其中□無湍流污穢之氣，不減洞天福地，此與予北府之二酉洞相敵，而險要過之。因如二酉洞之例，創造小楼三間住之，右為臥內，中為拙才著述之所，左列蘭河甲仗，楼下以中間為大倉，可貯五六石，顧左右皆侍衛宿值之用，其嵦中之千窟万派，或藏兵仗，或藏火藥，或火炮石具，不必悉舉。用顏其洞，則名『情田』，取古人云『人雋者，圣王之田也』。以此嵦俯視，一切□廣，□衆民暇時，□□墾闢，問其痛疥，民之田已闢矣，而圣王之洞穴□闢也。如保成子平易近民，上澤下流，可□□適，則聖王之田無惡矣。而此田勃然㒷之，大有可期也。此情田嵦之修當祚也，而此大砦則仍同村落之名，曰『太平鎮』，不改曰『太平洞』，是予□以祈名，而永乞天保云，是為記。岦

皇清康熙庚申仲秋吉旦 少保兼太子太保都統承恩伯[1]田九峯甫識

捷音者叙

庚申予以修理座太平鎮，已聞永順、散毛諸司牧連，雖有相向之念，予静以待邊，俄間兵動，接取叛人馬罗洞子，□已而發偏師三百，永兵已連营万衆于你此洞。自我兵奮逼繼進，僅前哨二十五人所破陣，斬三十余名，生擒十余名。深追至□□□砦，待大哨繼至，札营隔宿而回，方取馬罗洞之誓。已訖，又聞有兵扎都車埧，與你此洞為犄角，我兵追蹤至，彼則已鳥獸散矣。僅拿獲江西砦叛人百余，我兵于八月廿四日凱旋到鎮。予心已無復相逼之意，未至旬日，永順與同惡如散等，傾国之所有，□五六万衆，連营索戰，边報一日数至。予以民方秋收止，選五百余衆往發至，則聞永官廷椿父子與散惡覃勳林合兵，而□□計定。我兵于廿九日，探知扎营于石排洞，連夜進發，斯時到者，連营鎮未上二百，其余猶在沿路。以兵起倉卒，乃繼續□以發。□□三十日巳時相遇，彼包三路□陣相待，我兵分哨衛突，邀天之幸，成此克捷，陣斬六十余名，帶傷者莫悉，生擒三十余名。□嵦捷報解回，兵猶候進止，是為又八月朔一日事也。以予□秉無退，當此盛名，敢以不德是□，敢效古人勒石以濫居功名乎？但以此□有□□变由，人責我今仗神灵之祐，正如太史公所云：衛靈王生多天幸尔。因賦以紀事云：露布傳奇捷，寬予慮孔殷否，不然偃武諸侯未修文，烏合难誇衆，連雞果敗群，報大享浪跳鞭□林績石非侥倖。符堅起自□，心予虜勝大志，戒諸君兄弟，皆言國姗娅，旧人問何放平己氣，亦□吾軍似壮樱，鋒鏑誰為借？解紛往□欸！非勒石無可□劝声間。两間字在已有之。

---

1 承恩伯非清中央政府所封賜，為三藩吳三桂吳周政權所封。

情田閒記、捷音者敘石刻

奉旨旌表碑

【簡介】

原碑位於鶴峰縣燕子鎮瓦窑村四組，現藏於鶴峰縣博物館碑林。通高95、寬53、厚21厘米。材質為灰白色石灰岩。長方形，碑身上有一石榫，碑文為楷書陰刻，僅有『奉旨旌表』四字，碑身四周飾有高浮雕雙龍紋。該碑為容美土司下屬譚文用的妻子傅氏二十四歲時守寡，後艱難撫育幼子成人，官府為其立貞節牌坊構件[1]。

【原文】

奉旨旌表

[1] 資料來源於鶴峰縣博物館。

奉旨旌表碑

天星寨摩崖石刻

【簡介】

石刻位於鶴峰縣中營鎮八字山村七組，天泉山山頂下方岩壁之上。通高117、寬200厘米。材質為灰白色石灰岩。楷書陰刻，可識別350餘字（彩版一，6）。

【原文】

□□□□□□□也。創始于□夏雲仲伯時□□□遠處□□□□□□□而之他始以自固不眞□，而兄襲于□□□□□□值三藩之變乃没，肇而踵修之，其間宮□□□□實步□前之□□□□以脩己□前記得未通□□于□山□□□基亦非小可□始不過具盈而僅□成小各□□所□□定□□皆清□□者，為舜建而供□□□□建剎皆自舜始，剎凡数易，究竟無奇恃之觀，不洽舜心者。至□□□□□者，皆以舜性喜遊歷，志廣修造，概不成定居，自辛酉後去此，不□□□有□山之修理。丁卯中府廳楼之修建，戊辰□□□□而正事□其□□□□必之務，以致衙舍、亭臺、樓閣、宮觀俱以□□□難其□，而所修橋傾圮者過半，不□人言慨嘆而已。至辛巳□□□以示修□□□□□□□見□□先人以住之□□及膝下兒女之樂依依，不欲擒去□□□□□六月二十四來山，□傾□之材木攢修勅書楼，以□□而□□□□□居□□工闢□砌此前殿基址，至今壬午前六月，先金旗員□取□□□□至。又六月初七，舜親來山，移今舊殿于前，督取所伐木植修成□殿。□□□□七月朔三，竪柱如□□□□□而所□□□□□□亦□□□□□于外□□□□□此□□□之□□□□□□修□□林杉楠□□□□□□□□宮□□□□成者。又昔人云：髫髪之年，指揮成務。此自□□□□□成功□□舜何有焉？然山川之靈，自驚知己于千古矣。于其成□□□其事于石，僅以紀始大□□□□化用工之負役，與子弟之姓名立。

……洞□□□□□……□□……田□年□□□□□□□……田勳霖

□□□□□……□□□……□□□……周□□□□首□□……□□□□林皇甫貞

……張□□□□□。

天星寨摩崖石刻

漢土疆界碑

【簡介】

漢土疆界碑共三通。大岩関界碑位於鶴峰縣五里鄉三路口村一組，関口上為五里鄉與走馬鎮的交界處，殘高66、殘寬64、厚12厘米，材質為灰白色石灰岩。楷書陰刻，殘碑共計205字（彩版二，2）。漂水岩界碑位於五峰縣採花鄉漁泉河村（原漂水岩村），通高192、寬82、厚23厘米，現保存基本完好（彩版二，1）；懷抱窩界碑位於五峰縣五峰鎮懷抱窩村二組，通高206、寬100、厚16厘米。兩碑材質均為灰白色石灰岩。方形平碑首，文字内容基本相同，碑文共計3056字。為清雍正三年（公元1725）八月清湖廣總督等處地方軍政官員與湖廣容美軍民宣慰使田旻如平息漢土疆界之爭而立。漢土疆界碑是研究容美土司疆域分野的重要依據，為省級重點保護文物。

【原文】

（大岩関汉土疆界）二次楊

□糧田地一案，奉憲臺行司查議，應否遴委兩處文武官兵踏勘定界等因，随檄行岳州府，轉飭慈利縣

望案牘，奉憲臺檄巡容美司申稱，職司自大岩関以内歷代相承世業，関外係買管所隘田地，呈

田遵即檄行岳州府議，委慈利縣九谿協，又移桂北藩司議，委宜都長陽縣會

容美土汛関外水係黄家隘汛，下緣康熙三十二年及四十一年唐祚戎父子私以已桊，石□

倫價一併贖回，退歸大戎，乃祚戎遂以違

□看情願聯名出具印信，及查順治九年□

容美勒令唐祚戎□□□今訊□容美□

橋□處汛内□□□

情田亩記、捷音者敘石刻

奉旨旌表碑

【簡介】

原碑位於鶴峰縣燕子鎮瓦窑村四組，現藏於鶴峰縣博物館碑林。通高95、寬53、厚21厘米。材質為灰白色石灰岩。長方形，碑身上有一石榫，碑文為楷書陰刻，僅有『奉旨旌表』四字，碑身四周飾有高浮雕雙龍紋。該碑為容美土司下屬譚文用的妻子傅氏二十四歲時守寡，後艱難撫育幼子成人，官府為其立貞節牌坊構件[1]。

【原文】

奉旨旌表

[1] 資料來源於鶴峰縣博物館。

奉旨旌表碑

天星寨摩崖石刻

【簡介】

石刻位於鶴峰縣中營鎮八字山村七組，天泉山山頂下方岩壁之上。通高117、寬200厘米。材質為灰白色石灰岩。楷書陰刻，可識別350餘字（彩版一，6）。

【原文】

□□□□□□□□□也。創始于□夏雲仲伯時□□□遠處□□□□□□□而之他始以自固不眞□，而兄襲于□□□□□□□值三藩之變乃没，肇而踵修之，其間宮□□□□□□實步□前之□□□□□□以偹己□前記得未通□□于□山□□□□基亦非小可□始不過具盈而僅□成小各□□所□□定□□□皆清□□者，為舜建而供□□□□建刹皆自舜始，刹凡数易，究竟無奇恃之觀，不洽舜心者。至□□□□□□者，皆以舜性喜遊歷，志廣修造，概不成定居，自辛酉後去此，不□□□□有□山之修理。丁卯中府廳楼之修建，戊辰□□□□而正事□其□□□□必之務，以致衙舍、亭臺、樓閣、宮觀俱以□□□□難其□，而所修橋傾圮者過半，不□人言慨嘆而已。至辛巳□□□□以示修□□□□□□□□□□見□□先人以住之□□及膝下兒女之樂依依，不欲擒去□□□□□□六月二十四來山，□傾□之材木攢修勅書楼，以□□而□□□□□居□□工闞□砌此前殿基址，至今壬午前六月，先金旗員□取□□□□至。又六月初七，舜親來山，移今舊殿于前，督取所伐木植修成□殿。□□□□七月朔三，竪柱如□□□□□□□□而所□□□□□□亦□□□□□□□于外□□□□□□□此□□□之□□□□□修□□林杉楠□□□□□□□宮□□□□成者。又昔人云：髫髪之年，指揮成務。此自□□□□□□成功□□舜何有焉？然山川之靈，自驚知己于千古矣。于其成□□□其事于石，僅以紀始大□□□□化用工之負役，與子弟之姓名立。

……洞□□□□□……□□……田□年□□□□□□……田勳霖

□□□□□……□□□……□□□……周□□□□□首□□……□□□□林皇甫貞

……張□□□□□。

天星寨摩崖石刻

漢土疆界碑

【簡介】

漢土疆界碑共三通。大岩関界碑位於鶴峰縣五里鄉三路口村一組，関口上為五里鄉與走馬鎮的交界處，殘高66、殘寬64、厚12厘米，材質為灰白色石灰岩。楷書陰刻，殘碑共計205字（彩版二，2）。漂水岩界碑位於五峰縣採花鄉漁泉河村（原漂水岩村），通高192、寬82、厚23厘米，現保存基本完好（彩版二，1）；懷抱窩界碑位於五峰縣五峰鎮懷抱窩村二組，通高206、寬100、厚16厘米。兩碑材質均為灰白色石灰岩。方形平碑首，文字内容基本相同，碑文共計3056字。為清雍正三年（公元1725）八月清湖廣總督等處地方軍政官員與湖廣容美軍民宣慰使田旻如平息漢土疆界之爭而立。漢土疆界碑是研究容美土司疆域分野的重要依據，為省級重點保護文物。

【原文】

（大岩関汉土疆界）二次楊

□糧田地一案，奉憲臺行司查議，應否遴委兩處文武官兵踏勘定界等因，随檄行岳州府，轉飭慈利縣

望案牘，奉憲臺檄巡容美司申稱，職司自大岩関以内歷代相承世業，関外係買管所隘田地，呈

田遵即檄行岳州府議，委慈利縣九谿協，又移桂北藩司議，委宜都長陽縣會

容美土汛関外水係黄家隘汛，下緣康熙三十二年及四十一年唐祚戎父子私以已業，石□

倄價一併贖回，退歸大戎，乃祚戎遂以違

□看情願联名出具印信，及查順治九年□

容美勒令唐祚戎□□□今訊□容美□

橋□處汛内□□□

（大岩関）漢土疆界碑

【原文】

（漂水岩）漢土疆界

湖廣荆州府枝江縣、宜都营為籲請憲恩斧断，定疆界以靖漢土事。雍正三年三月初八日，奉承准。

湖廣湖北等處承宣布政使司正堂鄭，憲牌照會。内開本年二月十七日，奉總督湖廣等處地方軍務兼理糧餉兵部右侍郎兼都察院右副都御史加三級在任守制楊批該本司呈請，查得土人不得擅買漢地，定例昭然；漢人亦不得越種土司之地，以致滋事，務期勘明，分守界限，庶可漢土相安。兹奉憲檄，據容美土司呈請價買枝柘坪、柑子園等處田地驗契退贖，至白益、麥庄原屬土境，不□□□之内，懇飭各管各業情由，檄令委員確審明白，勘定疆界，分別給領管業詳報，永息争端等因。隨經前司詳奉憲臺批委，附近土界之枝江縣陳惠榮，同宜都營守偹蘇門輝會勘。兹據荆州府知府王景臯具詳前□，□柑子園及漁翅滩等處，並江南一十四契田地，容美既称係價買，其為長陽内地可知。查康熙四十九年間，清查漢土，部議以從前賣與土司田地俱行准贖，倘不容取贖，控告情實，将田價入官，田還原主。奉旨依議在案，何椒山司土弁劉躍龍於康熙六十一年内，復圖墾江南之一十四契田地，顕属違悖定例。且查各契文係年遠無印，寔難徵信。若果係故業，從前何致久荒？至康熙四十九年清查漢土田地之時，何又嘿嘿？明係貪圖越佔，應如該縣等所議，将椒山司清查之江南王家坪，嫂古墓、大田坡、阿兒坪、土地堂、蔡家坡、鵝頸項、朱墟底、白菓樹、龍坪、諸墟底、新寨坪、恩一甲、王家坪等處田地一十四契，一概塗消，俱歸長民依舊住種管業。惟柑子園、漁翅滩等處田地，據土舍供稱，先年曾用價銀一百八十兩，契已遺失，有買管印册為□，已經墾熟□□□□得價等語。窃查康熙四十九年清退漢土之時，此田雖無業主可贖，該土官亦應遵旨詳明轉賣，何竟隱墾久踞至今日而復索價耶！理應照例收回轉賣，田價入官，姑念土人住種，懇熟有年，本司謬議，照田酌價。柑子園、漁翅滩水旱種共三石田，姑量給半，價銀九十兩，俾長民有力者，贖管納粮，土人陳起鳳等，勒令盡行歸尚。凡係柑子園、漁翅滩一帶之地，土人不得再行私買越佔。致于查究至白益、麥庄，自康熙二十七年以來，互争卷案重叠，皆由未經委勘界址、形势確據之故，即土民田啟華等供『自明末清初被土人佔去』一語，亦無實據。從前彝、歸二州，未經親自查勘，乃僅訊供懸議，以致容美司上瀆不休。兹據委員陳惠榮蘇門輝称查，康熙四十九年，清查漢土之案，該土司已詳明，白益、麥庄乃伊世守之業，不在退贖之例。蒙前府丘守，據情轉詳，前憲鄂批允。當是時，長令已經出結，長民並未言及，至今又已十有餘年。乃因椒山司清查一十四契之田，致長民牽連控及。今同長民過漂水崖，據勘白益、麥庄山川情形，既距長邑險遠，又驗其衙舍墓表皆属土官舊址，土人百十餘家住種，並無漢民居住。且已于康熙四十七年，土人報有秋粮九十六石。□白益、麥庄從前歷係土人耕種，即在报粮陞科之内，似應仍歸容美土人耕種完粮，長陽之人不得過問。請飭令府縣遵照勘過各舊址，分別給領管業，勒石定界，永息争端，庶漢土攸分，積案得以清結矣。是否允協，本司未敢擅便，相應詳請，本部院俯賜核奪批示，以便轉飭遵照等因。奉批既據委勘明白，如詳轉飭遵照，勒石定界，仍應全給原價聽贖，以服土司之心，取領價退田，依領並碑摹賫報，仍候撫都院批示繳。奉此，又奉巡撫湖廣等處地方兼提督軍務都察院右副都御史加三級納批，同前詳由。奉批仰候，督都院批示繳。奉此，除柑子園、漁翅滩田地，檄飭長陽縣，飭令長民有力者，全給原價回贖，取領價退田，依領賫報外，合行檄飭。為此仰縣官吏，遵照本司詳奉院批，即速會同宜都營偹，将勘過白益、麥庄等處□□，□以勒石定界，並将碑摹賫司，以憑轉呈兩院查攷等因。奉此，承准。又于三月十七日，奉本府正堂加五級紀録二次王行同前由。奉此合行遵照，前往白益、麥庄於漢土接壤之地方，豎立石碣，分定疆界，務各遵守，毋得再起争端，庶不負上憲息争寧人之至意，須至石碣者。

雍正三年八月□日建

總督湖廣等處地方軍務兼理糧餉兵部右侍郎兼都察院右副都御史加三級楊

巡撫湖廣等處地方兼提督軍務都察院右副都御史加三級納

湖廣湖北等處承宣布政使司布政使正堂鄭

湖廣荆州府正堂加五級紀録二次王

湖廣荆州府枝江縣正堂加一級陳

湖廣宜都營守府蘇

湖廣荆州府長陽縣正堂李

湖廣容美等處軍民宣慰使司宣慰使田旻如　仝立

（漂水岩）漢土疆界碑

【原文】

（懷抱窩）漢土疆界

湖廣荊州府枝江縣、宜都营為籲請憲恩斧断，定疆界以靖漢土事。雍正三年三月初八日，奉承准。

湖廣湖北等處承宣布政使司正堂鄭，憲牌照會。內開本年二月十七日，奉総督湖廣等處地方軍務兼理糧餉兵部右侍郎兼都察院右副都御史加三級在任守制楊批：該本司呈請，查得土人不得擅買□地，定例昭然；漢人亦不得越種土司之地，以致滋事，務期勘明，分守界限，庶可漢土相安。兹奉憲檄，據容美土司呈請價買枝柘坪、柑子園等處田地驗契退贖，至白益、麥庄原属土境，不□□□之內，愬飭各管各業情由，檄令委員確審明白，勘定疆界，分別給領管業詳报，永息爭端等因。隨經前司詳奉憲臺批委，附近土界之枝江縣陳惠荣，同宜都营守傋蘇門輝會勘。兹據荊州府知府王景皋具詳前□，□柑子園及漁翅灘等處，並江南一十四契田地，容美既稱係價買，其為長陽內地可知。查康熙四十九年間，清查漢土，部議以從前賣與土司田地俱行准贖，倘不容取贖，控告情實，將田價入官，田還原主。奉旨依議在案，何椒山司土弁劉躍龍于康熙六十一年內，復圖墾江南之一十四契田地，顕属違悖定例。且查各契文係年遠無印，寔難徵信。若果係故業，從前何致久荒？至康熙四十九年清查漢土田地之時，何又嘿嘿？明係貪圖越佔，應如該縣等所議，將椒山司清查之江南王家平，叟古墓、大田坡、阿兒平、土地堂、蔡家坡、鵝頸項、朱墟底、白菓樹、龍坪、諸墟底、新寨坪、恩一甲、王家平等處田地一十四契，一概塗消，俱歸長民依旧住種管業。惟柑子園、漁翅灘等處田地，據土舍供称，先年曾用價銀一百八十兩，契已遺失，有買管印册為□，已經墾熟□□□□得價等語。窃查康熙四十九年清退漢土之時，此田雖無業主可贖，該土官亦應遵旨詳明轉賣，何竟隱墾久踞至今日，而復索價耶！理應照例回收轉賣，田價入官，姑念土人住種，愬熟有年，本司謬議，照田酌價。柑子園、漁翅灘水旱種共三石田，姑量給半，價銀九十兩，俾長民有力者，贖管納粮，土人陳起鳳等，勒令尽行歸巢。凡係柑子園、漁翅灘一帶之地，土人不得再行私買越佔。致于查究至白益、麥庄，自康熙二十七年以來，互争卷案重叠，皆由未經委勘界址、形势確據之故，即土民田啟華等供『自明末清初被土人佔去』一語，亦無實據。從前彝、歸二州，未經親自查勘，乃僅訊供懸議，以致容美司上瀆不休。兹據委員陳惠榮蘇門輝称查，康熙四十九年，清查漢土之案，該土司已詳明，白益、麥庄乃伊世守之業，不在退贖之例。蒙前府丘守，據情轉詳，前憲□鄂批允。當是時，長令已經出結，長民並未言及，至今又已十有餘年。乃因椒山司清查一十四契之田，致長民牽連控及。今同長民過漂水崖，據勘白益、麥庄山川情形，既距長邑險遠，又驗其衙舍墓表皆属土官舊址，土人百十餘家住種，並無漢民居住。且于康熙四十七年，土人报有秋粮九十六石。□白益、麥庄從前歷係土人耕種，即在报粮陞科之內，似應仍歸容美土人耕種完粮，長陽之人不得過問。請飭令府縣遵照勘過各旧址，分別給領管業，勒石定界，永息争端，庶漢土攸分，積案得以清結矣。是否允協，本司未敢擅便，相應詳請，本部院俯賜核奪批示，以便轉飭遵照等因。奉批既據委勘明白，如詳轉飭，遵照勒石定界，仍應全給原價听贖，以服土司之心，取領價退田，依領並碑摹賫報，仍候撫都院批示繳。奉此，又奉巡撫湖廣等處地方兼提督軍務都察院右副都御史加三級納批，同前詳由。奉批仰候，督都院批示繳。奉此，除柑子園、漁翅灘田地，檄飭長陽縣，飭令長民有力者，全給原價回贖，取領價退田，依領賫报外，合行檄飭。為此仰縣官吏，遵照本司詳奉院批，即速會同宜都营傋，將勘過白益、麥庄等處□□，□以勒石定界，並將碑摹賫司，以憑轉呈兩院查攷等因。奉此，承准。又于三月十七日，奉本府正堂加五級紀録二次王行，同前由。奉此合行遵照，前往白益、麥庄接壤之地方，竪立石碣，分定疆界，務各遵守，毋得再起争端，庶不負上憲息争寧人之至意，須至石碣者。

雍正三年八月□日建

総督湖廣等處地方軍務兼理糧餉兵部右侍郎兼都察院右副都御史加三級楊

巡撫湖廣等處地方兼提督軍務都察院右副都御史加三級納

湖廣湖北等處承宣布政使司布政使正堂鄭

湖廣荆州府正堂加五級紀録二次王

湖廣荆州府枝江縣正堂加一級陳

湖廣宜都營守府蘇

湖廣荆州府長陽縣正堂李

湖廣容美等處軍民宣慰使司宣慰使田旻如　仝立

東　棕溪河

南　水濜司

西　小山後荒□

北　棕溪河

（懷抱窩）漢土疆界碑

奉天誥命碑

【簡介】

原碑位於鶴峰縣容美鎮張家村三組的官墳園，現移藏於鶴峰縣博物館碑林。奉天誥命碑共兩通，通高295、寬100、厚27厘米。兩碑皆為灰白色石灰岩。方形凸碑首，頂角斜切，浮雕雙龍戲珠，下為篆書陽刻『奉天誥命』四字。碑文為楷書陰刻，共計555字。碑身兩側有高浮雕龍紋，雙龍首尾相連，下有贔屭碑座，頭已殘，兩側四爪外露，背上有六邊形龜背紋。一通為明崇禎二年（公元1629）所立，一通為清康熙二十三年（公元1684）所立。明崇禎皇帝所賜奉天誥命碑，共計343字，褒獎容美土司田楚產夫婦之功德，贈田楚產[1]為宣武將軍，贈其妻為恭人。清康熙皇帝所賜奉天誥命碑，共計308字，誥封田玄[2]為驃騎將軍、其妻田氏為夫人（彩版三，5）。

【原文】

（明崇禎）奉天誥命

奉天承運，皇帝制曰：昔者聖王之治天下也，必□□□□安黔黎，未嘗專修文而不演武，朕特倣古制，設武職以衛治，命受斯任者，必忠以立身，仁以撫眾，智以察微，防姦禦侮，機兼暇時，能此則榮及前人，福延後嗣，而身家永昌矣。敬之勿忘！

皇帝制曰：太平之象，緣內順以外威；實□之臣，必來王而來享。若夫世遵王度，底守疆埸，奮勤王以出師，冒矢石而殞命，朕甚憫焉。爾田楚產，乃湖廣容美宣撫使司宣撫使玄之父，賦性忠勤，沉雄機畧，操行廉潔，以禔躬延，攬賢才而訓子，馭眾嚴肅兼威，惠以施仁，懷我恩榮，率苗夷而向化，曩以奢安二酋悖逆，爾能效順盡忠，灑血誓師，安身報國，深可哀憐，既捐勇烈之軀，宜重崇褒之典，是用贈爾為宣武將軍，嗚呼！攙搶熠熠，五原之血尚腥；玉帛煌煌，九京之忠堪慰。服此寵靈，賁光幽壤。

制曰：古稱健婦恃門户，猶勝一丈夫，況以雄長一方，統帥群醜，非得英豪之配，克勷內謨，焉能革彼鴞音，成此鸞噦耶？爾向氏，乃湖廣容

---

1 田楚產，字子良，號郢陽，為容美土司第十七任司主。

2 田玄，字太初，號墨顛，田楚產長子，為容美土司第十八任司主。

（明崇禎）奉天誥命碑

美宣撫使司宣撫使田玄之母，孕鐘華胄，作嬪名藩，率勤儉以持夫家，不私玩好；親澣濯而操井臼，恭盡蘋蘩。相彼干城，不數搴旗之將衛，予茅二力，追抱鼓之人，內助勤王，外禦强侮，實叶鳳鳴之卜，誕膺麐趾之祥，徽範如存，絲綸用賁，是用贈爾為恭人。於戲！金犀文綬，共歆垂裕之榮；霧鬢風鬟，彌篤纘戎之烈！

制誥之寶

崇禎二年十月二十三日

【原文】

（清康熙）奉天誥命

奉天承運，皇帝制曰：從來被化嗣全德於□孫，錫類弘仁□□恩於乃父，適逢慶典，爰焕新綸。爾田玄乃湖廣容美等處軍民宣慰使司宣慰使加三級田舜季之祖父，有谷貽謀效忠，垂業慶由，積厚風聲，遠被於再傳，率□攸行胙土，迸承於奕□。茲以覃恩贈爾為驃騎將軍湖廣容美等處軍民宣慰使司宣慰使加三級，□之誥命，於鳳鴻名英纘，尚其光大乎？□厤休命，載揚用長，綿延恩世澤，欽茲罔替慰廣有知□□□優□命於遐荒慈幃篤慶大酺施於王母，榮紵承庥寵秩，維新於儀事。著爾湖廣容美等處軍民宣慰使司宣慰使加三級田舜年之祖母田氏，貞良是訓，咸推秉禮之女，宗嗣續維賢端，藉晗謀於祖澤，昭茲世於重此閨儀。茲以覃恩贈爾為夫人，於戲！本原上遡愛勞，欽家法之傳，禮秩洊加寵，賚荷朝章之賜，而斯茂典慰爾幽貞。

制誥之寶

康熙二十三年九月二十四日

（清康熙）奉天誥命碑

田楚產夫婦石匾

【簡介】

原石匾位於鶴峰縣容美鎮張家村三組，現藏於鶴峰縣博物館碑林。通高75、寬143、厚9厘米。材質為灰白色石灰岩。長方形，石匾外邊框浮雕有菊花、梅花及草葉紋，石匾正反兩面皆為楷書陽刻，內容相同，單面54字。清康熙二十八年（公元1689）田舜年所立（彩版四，2）。

【原文】

皇清康熙二十八年歲次己巳嘉平月吉旦

湖廣容美宣撫使司誥封宣武將軍田楚產恭人向氏

容美都統司驃騎將軍加三級田舜季立

田楚產夫婦石匾

剛一帥夫婦石匾

【簡介】

石匾原位於鶴峰縣走馬鎮周家峪村，現藏於鶴峰縣博物館碑林。通高49、寬109、厚8厘米。材質為灰白色石灰岩。碑身正反兩面皆為正楷陽刻，内容相同，單面37字。清康熙三十一年（公元1692）田舜年立。

【原文】

武將軍麻
寮所巡捕
千户剛一
帥庶宜人
鄭氏
湖廣
掌印
湖廣容美驃騎將軍婿田舜季
掌印夫人女剛氏

剛一帥夫婦石匾

天星寨儒者石刻

【簡介】

石刻位於鶴峰縣中營鎮八字山村七組。通高85、寬51厘米。材質為灰白色石灰岩。壁上浮雕陽刻有石龕，壁龕中部如意開光紋内，浮雕一名頭戴儒巾、身穿直裰、雙手藏於袖中的坐立儒者。儒者兩側有對聯，為篆書陽刻。龕上有題記，為楷書陰刻，共計95字（彩版四，5）。

【原文】

承奉帝閽磐碣石

□□□□□□□□

□□□聲表□民曜

□丞福譱過□城□

□□□□上間廟□

□□□□□□□□

□□□□□□□□

向□□同□□□□

□□□□□人譱也

□□記呈□各□亏

□□□坤□□□□

□□□□□□□□

保安民社奠高山

天星寨儒者石刻

二、地理名稱類

情田崮摩崖石刻

【簡介】

石刻位於鶴峰縣太平鎮唐家村七組，情田崮的崖壁上。石刻距地表高約12米，通高205、寬75厘米。材質為灰白色石灰岩。壁上刻有『情田崮』三個楷書大字，左下角刻有『張阿云』三字，疑為刻石工匠姓名（彩版一，2）。

【原文】

情田崮

張阿云

情田尚摩崖石刻

紅茅尖石刻

【簡介】

石刻位於鶴峰縣燕子鎮桃山村六組。紅茅尖[1]石刻共兩通：一通石刻通高58、寬118厘米，共計52字；另一通石刻通高66、寬145厘米，共計16字，為清乾隆三年（公元1738）所立。材質皆為暗紅色石灰岩，楷書陰刻。

【原文】

岁丙子□□
乾隆二十□□□□
鐘月穀旦立
地主付国富　萧□□　向□□
紅茅尖
知鶴峰州事□林重修道路
署戎廳事施凡愷監督

1（清）顧彩著，吳柏森校注：《容美紀遊》，湖北人民出版社，1999年，第365頁。記載『略上為紅毛尖，其頂尖削，闊僅二尺，下俯千仞，到山脚又二十里』。

紅茅尖石刻　之一

【原文】

乾隆歲次戊午

紅茅尖

中都毛峻德刊誌

紅茅尖石刻　之二

三、墓碑及墓誌銘類

都招討使少傅田鐵峯夫婦墓碑

【簡介】

原碑位於鶴峰縣容美鎮容美村三組（東陽湾墓地），現藏於鶴峰縣博物館碑林。通高183、寬75厘米。材質為灰白色砂岩。長方形，方形凸碑首，浮雕雙龍戲珠，碑身兩側飾祥雲紋。碑身楷書陽刻，共計145字。為清康熙十五年（公元1676）所立。

【原文】

夫人于康熙乙巳年十二月十五日申時□張村改葬于此以艮龍入首甲山庚向庚寅庚申分金

清故王考妣誥封一品夫人覃氏　榮祿大夫都招討使少傅田鐵峯[1]之墓

招討公于□三年乙卯歲十二月二十二日丑時□□□于此以卯龍入首甲山庚向庚寅庚申分金

旹周[2]叁年歲次丙辰季春月孝男容美路都統使舜年率襲孫昞如

爵標□襲左營副總兵次男慶年　立

1 田鐵峯即田舜年之父田甘霖，據附錄《容美土司史籍汇編》腳注第137條記，為容美土司第二十一任司主。

2 『周』為吳三桂起兵稱帝國號，周叁年即為清康熙十九年。

都招討使少傅田鐵峯夫婦墓碑

轅門保旗旗長杜將墓碑

【簡介】

碑位於鶴峰縣容美鎮屏山村二組。通高 128、寬 51、厚 18 厘米。材質為灰白色砂岩。方形凸碑首，頂角斜切，碑額浮雕祥雲繞日，下為三弧相連。碑身正楷陰刻，共計 66 字。為清康熙四十六年（公元 1707）所立。

【原文】

叔父靈魂妥

艮脉行龍坐丑山未向為茔

清故胞弟轅門保旗旗長杜將之墓

康熙四十六年十二月初六日杜□兄　□兒妹　孝侄男子寿、　丑寿、　漊寿、　春蘭　仝立

第門□侄　与

轅門保旗旗長杜將墓碑

鎮防屏山寨官向遇春夫婦墓碑

【簡介】

碑位於鶴峰縣容美鎮屏山村二組。通高144、寬55、厚17厘米。材質為灰白色砂岩。碑首頂角斜切，上高浮雕雙龍戲珠。碑身正楷陰刻，共計273字。為清雍正四年（公元1726）所立。

【原文】

孝男

□□將□理□□□□指揮□環山旗旗長向文荣

親將营領陣守備向文勝　爵府前鋒营副揔兵官掌備征所千户印知内外各营事向文憲

孫男　親將营領旗守備向日倫　勳旗旗長向日旦　門子千揔向日祖

原任火器营副將更授芙蓉知州兼管帥府内外地方孫男向日旭立

原任前营副揔兵官管大旗鼓事復任貼堂經歷司經歷掌平茶下洞長官印務管理爵府内外大小事務兼管南旗下軍務孫男向日芳

清故世襲鎮防屏山寨官向公諱遇春　安人唐氏之墓

雍正四年十二月廿八日

□□入首正作艮山坤向

孝丁二孫轅門 領旗旗長向應隆　雲旗旗長向應時　提调親随旌旗旗長向應勳　小虎旗長向應烈　斯旗旗長向應舉　千揔向應臣

向應世、向應明、向應良、向應福、向應元、向應貴、向應朔、向應亝、向應爵

曾孫 向登相、向登進、向登選、向登朝、向登科、向登□

鎮防屏山寨官向遇春夫婦墓碑

容美爵府前鋒营副總兵官向文憲墓碑

【簡介】

碑位於鶴峰縣容美鎮屏山村二組。通高173、寬60、厚20厘米。保存較好，材質為灰白色砂岩。碑首頂角斜切，高浮雕雙龍戲珠。碑身正楷陰刻，共計301字。為清雍正四年（公元1726）所立[1]，向文憲為向遇春之子。

【原文】

恩賜

百世流芳

丙午嘉平月　艮脉入首作艮坤兼寅申山□向丙寅申分金

爵主天然賜鐫

率應襲中营揔兵官田光南立孝男親將营领旗守備向日倫　次男向日成　原任火器营副將更授芙蓉知州管理帥府内外地方事務向日旭　孝媳付氏

侄男　勲旗旗長管理南府事務向日旦　門子千揔向日祖

原任前营副揔兵官管大旗鼓事復任貼堂經歷司經歷掌平茶下洞長官印務管理爵府内外大小事兼管南旗下軍務向日芳　孝媳夏氏　張氏

大清容美爵府前鋒营副總兵官掌偹征千户印知各营事務待贈武畧公諱文憲向公　懿人覃氏　李氏之墓

雍正肆年拾貳月

孝孫男轅門向應兕　雲旗旗長向應時　斯旗旗長向應舉　提調親随旌旗旗長向應勳　小彪旗旗長向應烈　千揔向應臣　領旗旗長向應隆　向應明

1　據《向文憲墓誌銘》記載『逮丁丑二月廿九日终于正寢』，可知向文憲於康熙三十六年（公元1697）死亡，推測其墓碑為清雍正四年（公元1726）重立。

孫女菊姨娘　癸姨娘　向氏大　向氏二
重孫向登進　向登選　向登朝　向登科　向登榜
移兩河口

容美爵府前鋒營副總兵官向文憲墓碑

待贈芙蓉土知州兼管中营旗鼓事向日芳墓碑

【簡介】

碑位於鶴峰縣容美鎮屏山村二組。通高143、寬66、厚27厘米。材質為灰白色砂岩。碑首頂角斜切，上高浮雕雙龍戲珠。兩側陽刻祥雲紋，碑身正楷陰刻，共計168字。清乾隆七年（公元1742）所立，向日芳為向文憲之子（彩版四，3）。

【原文】

孝侄女向氏、婿黄應科 宋啟太

艮脉行龍扦作丑山未向兼辛丑辛未分經

待贈芙蓉土知州兼管中营旗鼓事

孝孫男向登孝 向登貴 向登選、媳張氏 向登榜 向登碧、孫媳王氏 向登相、孫媳馬氏 向登富、孫媳尚氏

清故顯考向日芳號葵陽大人真性之墓

清乾隆柒年歲在壬戌季冬月望日

孝女向氏、婿李然祖

孝男向應時、媳桂氏 孫男向登朝、媳向氏 孫男三陽、陽春

孝男向應興 孫男同祖、同德

孝侄向應举、媳張氏 孫男向登遠、向登弟

侄男向應貞 向應虎、媳田氏 向應爵、媳胡氏 向應貴、媳赫氏 向應朝 向應世、媳彭氏 向應忠 向應元 向應禄、媳覃氏

重孫向祖發、向進賢、向德發

待赠芙蓉土知州兼管中营旗鼓事向日芳墓碑

容美標前營副總兵官田克敦墓碑

【簡介】

碑位於鶴峰縣容美鎮新莊村二組。通高121、寬46、厚16厘米。材質為灰白色砂岩。长方形，碑首斜切，高浮雕雙龍戲珠。碑身正楷陰刻，共計65字。為清康熙四十四年（公元1705）所立。

【原文】

旹

皇上康熙四十四年歲在乙酉季秋月　穀旦

壬山

清故容標前營副總兵官田公克敦之墓

丙向

爵標内後營副将管南旗事孫燦如　次子蜀年　曾孫公孫　定南　公德　仝立

容美標前营副総兵官田克敦墓碑

覃母楊氏老太君墓碑

【簡介】

碑位於鶴峰縣容美鎮二果坪村四組。通高147、寬65、厚19厘米。材質為灰白色砂岩。方形凸碑首，頂角斜切，碑首雙龍戲珠浮雕，碑身兩側刻有忍冬紋。碑身為楷書陰刻，共計95字。為清雍正五年（公元1727）所立。墓已不存，僅存墓碑一通，架立在溝渠上當橋使用。

【原文】

艮脉得龍卯脉入首正作甲山庚向並寅申二分庚寅庚申分經　為塋

恩授內府旗長孝弟余化鵬

清故覃母楊氏老太君之墓

恩授內府總管孝男仁壽立　继女楊氏

雍正五年丁未冬孝男覃啟林、孝媳王氏　孫賽喜、二喜　国壽、彭三　侄男覃貴仝立

覃母楊氏老太君墓碑

待贈内中營副將劉民安夫婦墓碑

【簡介】

碑位於鶴峰縣容美鎮龍井村四組。殘高117、寬52、厚20厘米。材質為灰白色砂岩。碑首頂角斜切，上端浮雕雙龍戲珠，碑身正楷阴刻，兩側繞以祥雲紋，表面有多處破裂，碑文共计135字。為清雍正十三年（公元1735）所立。

【原文】

係庚酉辛行龍正作辛山乙向丁酉丁卯分經坐度峯水為茔

旹　皇清雍正十三年歲在乙卯仲冬月十□日　辰時安厝

清故待贈内中營副將劉民安　儒人唐氏之墓

旹　皇清雍正伍年歲在丁未季冬月朔四日酉時歸窆

将軍府下小維旗長男劉芳　媳田氏

将軍府下内前营都司孝次男劉昌　媳覃氏

孫男文□　文□　文□　文□

孫女劉氏大、婿□□□　□□、婿彭□□　仝立

待贈內中營副將劉民安夫婦墓碑

田九齡墓碑

【簡介】

原碑位於鶴峰縣中營鎮鍋厂灣村四組，現藏於鶴峰縣博物館碑林。殘高75、寬50厘米。材質為灰白色砂岩。方形平碑首，碑身楷書陰刻，共計25字。

【原文】

皇明萬曆十九年辛卯歲次□□□戌時終

明故田公九齡[1]之塋

1 田九齡是容美土司司主田世爵的第六子，是當時詩歌成就很高的一位詩人。

田九龄墓碑

明詩人田六九齡墓碑

【簡介】

原碑位於鶴峰縣中營鎮鍋厂灣村四組，現藏於鶴峰縣博物館碑林。通高130、寬76厘米。材質為灰白色砂岩。長方形，碑身正中楷書陽刻，兩側為楷書陰刻，共計47字。為清乾隆二十九年（公元1764）所立。

【原文】

皇清[1]萬曆十九年

明詩人田六九齡之墓

田賽年　田雲如　田旱如　田魁如　田聰如　田□如　田大如　田開如　田儀如

乾隆廿九年三月初二日　立

1『皇清』二字當為『皇明』，推測當時刻碑所誤。

明詩人田六九齡墓碑

明誥封宣武將軍麻寮所巡捕千户剛一帥夫婦墓碑

【簡介】

原碑位於鶴峰縣走馬鎮周家峪村，現藏於鶴峰縣博物館碑林。通高 142、寬 63、厚 20 厘米。材質為灰白色砂岩。長方形，方形凸碑首，頂角斜切，浮雕雙龍戲珠。碑身兩側為祥雲紋，碑文楷書陰刻，共計 61 字。為清康熙三十一年（公元 1692）所立。

【原文】

□清康熙三十一年歲在壬申嘉平月

明誥□（宣）武將軍麻寮所巡捕千户剛一帥仁從　庶宜人鄭氏之墓

湖廣容美驃騎將軍婿田舜季　掌印夫人女剛氏立

明誥封宣武將軍麻寮所巡捕千户剛一帥夫婦墓碑

劉門田氏姑母墓碑

【簡介】

碑位於鶴峰縣下坪鄉堰坪村七組。通高133、寬60、厚19厘米。材質為灰白色砂岩。碑首刻雙龍戲珠圖案，碑身兩側刻有纏枝牡丹花紋，中間楷書陰刻，共計87字。為清雍正六年（公元1728）所立，碑中所刻田氏即為田旻如之姑母。碑座旁長出的一棵直徑約0.2米的樹，樹根已將石碑下部脹裂，造成碑體整體後傾。

【原文】

庚酉□辛入首作酉山卯向丁酉　丁卯分經□□

誥封待贈節夫人劉門田氏姑母之墓

宣慰使司宣慰使誥封驃騎將軍侄男田旻如立　同弟田暢如

孝孫刘世遠　刘貴儒　刘弘遠

孝孫刘弘遠　刘世遠　刘高遠

雍正六年戊申歲仲冬月廿八日

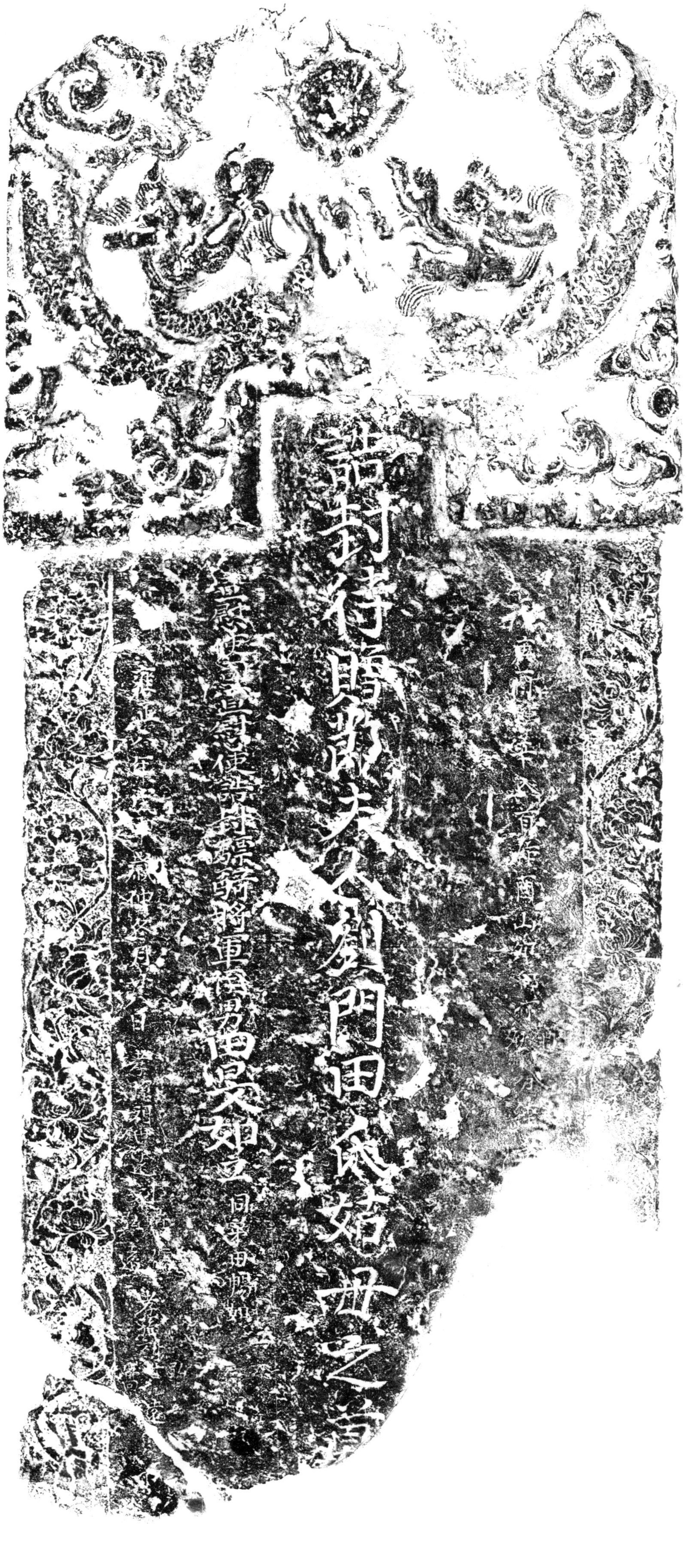

劉門田氏姑母墓碑

容美宣慰司標下倫征百户所掌印百户田燦如夫婦墓碑

【簡介】

碑位於鶴峰縣燕子鎮新寨村四組。通高153、寬61、厚29厘米。材質為灰白色砂岩。碑首雙龍戲珠浮雕，碑身兩側刻有『十』字祥雲及鳳鳥紋飾，碑文為正楷陰刻，共計153字。清乾隆十一年（公元1746）立，田燦如為容美土司標前營副總兵官田克敦之孫。

【原文】

天皇入首作己丙向大利砂水為茔 孝男田經南、媳唐氏 田定南、媳楊氏 田正南、媳唐氏 田冠南、媳王氏 女田氏幺、偦唐桂国 仝立

原任容美宣慰司標下倫征百户所掌印百户顯考田公燦如大人 顯妣田母唐氏安人之墓

皇清乾隆十一年丙寅岁小陽月吉旦

孫男星斗 先斗 玉斗 明斗 印斗、田氏 文斗、張氏 魁斗、覃氏 光斗 南斗 苟娃 □苟

孫女大女、喜弟、九兒 田氏大、孫偦楊正魁 幺女、六保 宗弟、京娃、八兒 十弟

重孫重生 太生 同生 得生 龍生 春兒 喜兒 成貴 □□

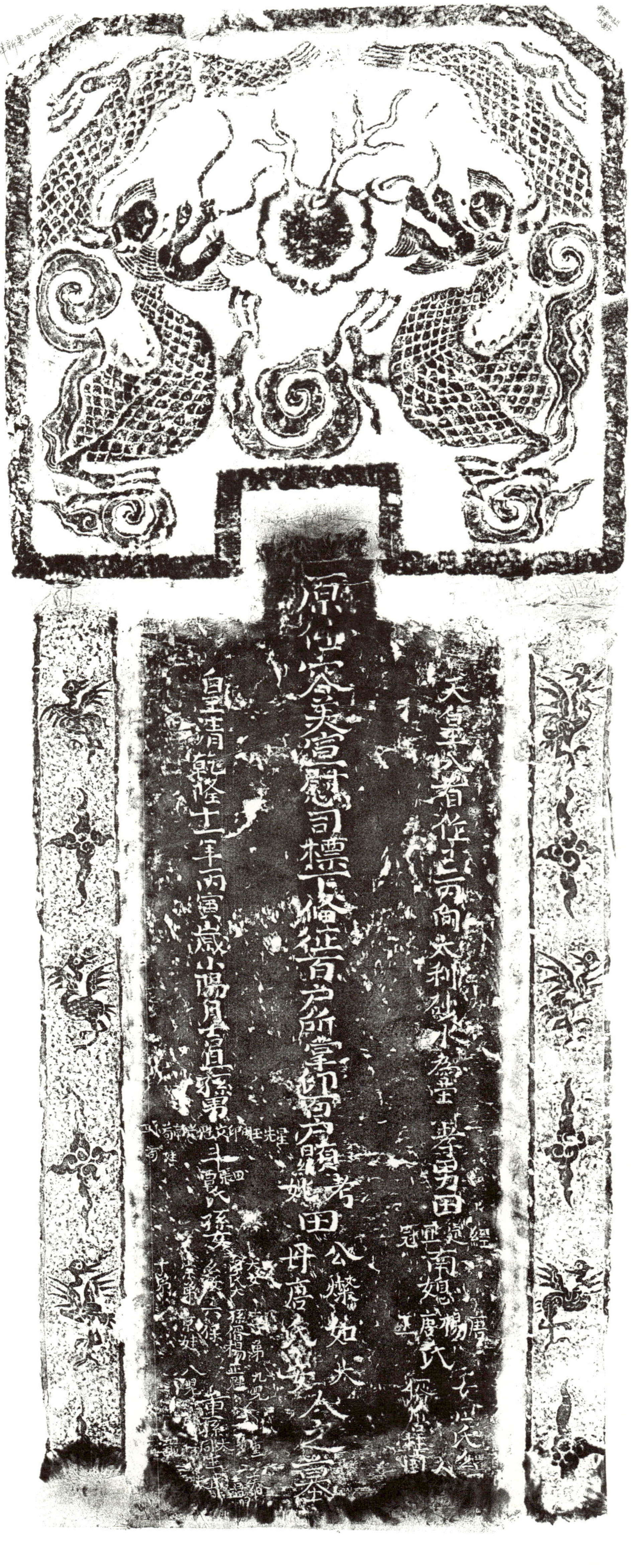

容美宣慰司標下脩征百户所掌印百户田燦如夫婦墓碑

石梁安撫使司兼左營副總兵官田餘菴夫婦墓碑

【簡介】

原碑位置不详，現藏於鶴峰縣博物館碑林。通高127、寬52厘米。材質為灰白色砂岩。長方形，方形凸碑首，碑首浮雕雙龍戲珠，碑身兩側飾纏枝紋。碑文楷書陰刻，共計69字。為清康熙三十年（公元1691）所立。

【原文】

艮脈行龍作卯山酉向辛卯辛酉分經坐穴為茔

清故待封宣武將軍石梁安撫使司兼左營副總兵官餘菴[1]田公　恭人向氏之□

時康熙三十年辛未歲季冬月十一日　孝男琨如

1　田餘菴即田舜年胞弟田慶年。

石梁安撫使司兼左營副總兵官田餘菴夫婦墓碑

容美軍民府標下授笱經歷覃光極墓碑

【簡介】

碑位於五峰縣采花鄉白溢坪村。通高96、寬45、厚14厘米。材質為灰白色砂岩。碑身正楷陰刻，碑文共计91字。墓已不存，僅存墓碑一通，架立在溝渠上當橋使用。

【原文】

命係癸亥年十月十八午時生得年卅一歲丧於乙酉年十月初六寅時故矣莖于冬月初一日酉

容美軍民府標下授笱經歷覃光極墓

時迁作丑山未向壬子為穴丙子分金　孝男覃顯丕　孝妻蹇氏二

迈孝母唐氏五不忿竪碑為□

容美軍民府標下授劄經歷覃光極墓碑

容美標原任親丁營副總兵官桂崇皋墓碑

【簡介】

位於五峰縣采花鄉白溢坪村。通高137、寬58、厚15厘米。材質為灰白色砂岩。长方形，碑首高浮雕雙龍戲珠，碑首斜切，碑文正楷陰刻，共計172字。為清康熙五十一年（公元1712）所立，墓碑碑文是『五峯安撫使司田曜如』對桂崇皋一生的評述。

【原文】

公生而浮篤秉天真諒襟懷風高性情雲逸經權時應多歷盤錯寵辱不驚先世无間其休体之度

謂謂之風求之古史未多覯也余年三歲主父驃騎將軍即將余負托於公公竭力經营多方撫綏余不□

泯公之德因安葬於此作甲山庚向勒石畧以誌之

五峯安撫使司田曜如題

清故容美標原任親丁營副総兵官桂公諱崇皋號民治府君之墓

皇清康熙五十一年歲次壬辰仲冬月吉旦

孝男可攀　可援

孫男聯　芳　嵒　萼　馨　馥

孫女英　弘　仝立

容美標原任親丁營副総兵官桂崇皋墓碑

張吉士夫婦墓碑

【簡介】

碑位於五峰縣五峰鎮香東村。通高95、寬37、厚22厘米。材質為灰白色砂岩。碑首有簷，碑文正楷陰刻，共計84字。為清康熙四十四年（公元1705）所立。其子張彤砫在改土歸流前夕首投效清中央政府。

【原文】

康熙乙酉歲季冬月望五日吉旦　孝男彤瑚、媳王氏　彤亏、媳田氏　彤璉、媳唐氏　彤砫、媳向氏

待誥贈清故顯考張公吉士[1]老大人　顯妣張母唐氏二老恭人之墓

扦作庚山甲向

孫弘璧、田氏　弘圖、唐氏　弘文、刘氏　弘海、田氏

弘仕　弘署　弘韜　弘朝　弘粲　弘弼　弘燮　弘印　弘泰　弘開　弘政　仝立

1　張吉士，又名張元謙，在《百順橋》碑文有記載『石寶深溪長官司張六謙』。

張吉士夫婦墓碑

俸薪千総張彤硅夫婦墓碑

【簡介】

碑位於五峰縣五峰鎮香東村十二組。通高165、寬66、厚14厘米。材質為灰白色砂岩。碑身楷書陰刻，共計391字。。張彤硅為石梁土司長官，屬容美土司直轄。改土歸流之際，朝廷特授俸薪千總。為清乾隆八年（公元1743）所立。

【原文】

皇清乾隆八年歲在癸亥太侶月吉旦 孝女張宏梅 孝男張宏太、媳田氏 張宏瑞、媳唐氏 張宏碧、媳田氏 張宏檻 張宏璉

孫男功孝、功雄、功□、功爵、功孛 孫媳金氏 孫女祥弟、曾弟、□弟、癸弟 侄孫男功早、媳王氏 功圣、媳□氏 功国、媳田氏 功開、媳□氏 功□、媳劉氏 功□、媳□氏 功玉、媳□氏 功連、媳□氏 功廷、媳□氏 重孫多儒 多賢 多發 起□ 功邦 功營 功甲 功賜 重癸

皇清誥贈特授俸薪千総張公彤硅[1]顯妣向氏么太恭人之墓

隹城作庚山甲向丙申丙寅分經為塋孝侄男張宏署、媳□氏 張宏開、媳章氏 張宏韜、媳向氏 張宏圖、媳梁氏 張宏文、媳刘氏 張宏海、媳田氏 張宏仕、媳董氏 張宏志、媳田氏 張宏信、媳唐氏 張宏任、媳唐氏

族侄宏仁、宏德、宏烈、宏爵、宏侯、宏□、宏陽、宏恩 族孫功祿、功英

侄女婿 張氏么、田守男 張氏次、田琮如 張氏大、田清年 張氏二、唐忠賢

孫女婿 張氏大、田炳南 張氏二、田一如 張氏次、唐遇□

孫女丁年 翠蘭 吉弟 發弟 崇弟 敢弟 喜弟 轉弟 宜弟 多弟 慎弟 印弟 桂香 巳年 新年 仝立

1 張彤硅為容美土司下屬石梁土司長官。清雍正十一年（公元1733）張彤硅首先繳印『改土歸流』，帶動境內土民倒戈，後被清政府封為千戶之職。

俸薪千総張彤硅夫婦墓碑

田壽年墓碑

【簡介】

碑位於五峰縣五峰鎮水濜司村一組。通高126、寬54、厚21厘米。材質為灰白色砂岩。方形平碑首，碑身楷書陰刻，共計91字。為清乾隆乙丑歲（公元1745）所立，田壽年曾為容美土司藍旗長[1]，碑立於容美土司改土歸流覆滅之後。

【原文】

孝侄女玉宝　賁宝

隹城正作辛山乙向辛酉　辛卯分經為坟

孝男田修如、媳唐氏　田仕如、媳罗氏　田亮如、媳王氏　田厚如、媳唐氏　□□□□□南

田大年

清待贈顯考田公壽年字南山大人之墓

荆妻王氏

乾隆乙丑歲仲冬月廿五日穀旦立

孝女田氏　婿唐秉國

侄男田開□　田松□　田□□

1 位於其附近的田海壽墓，墓誌有『曾祖壽年，為容美藍旗長』記載。

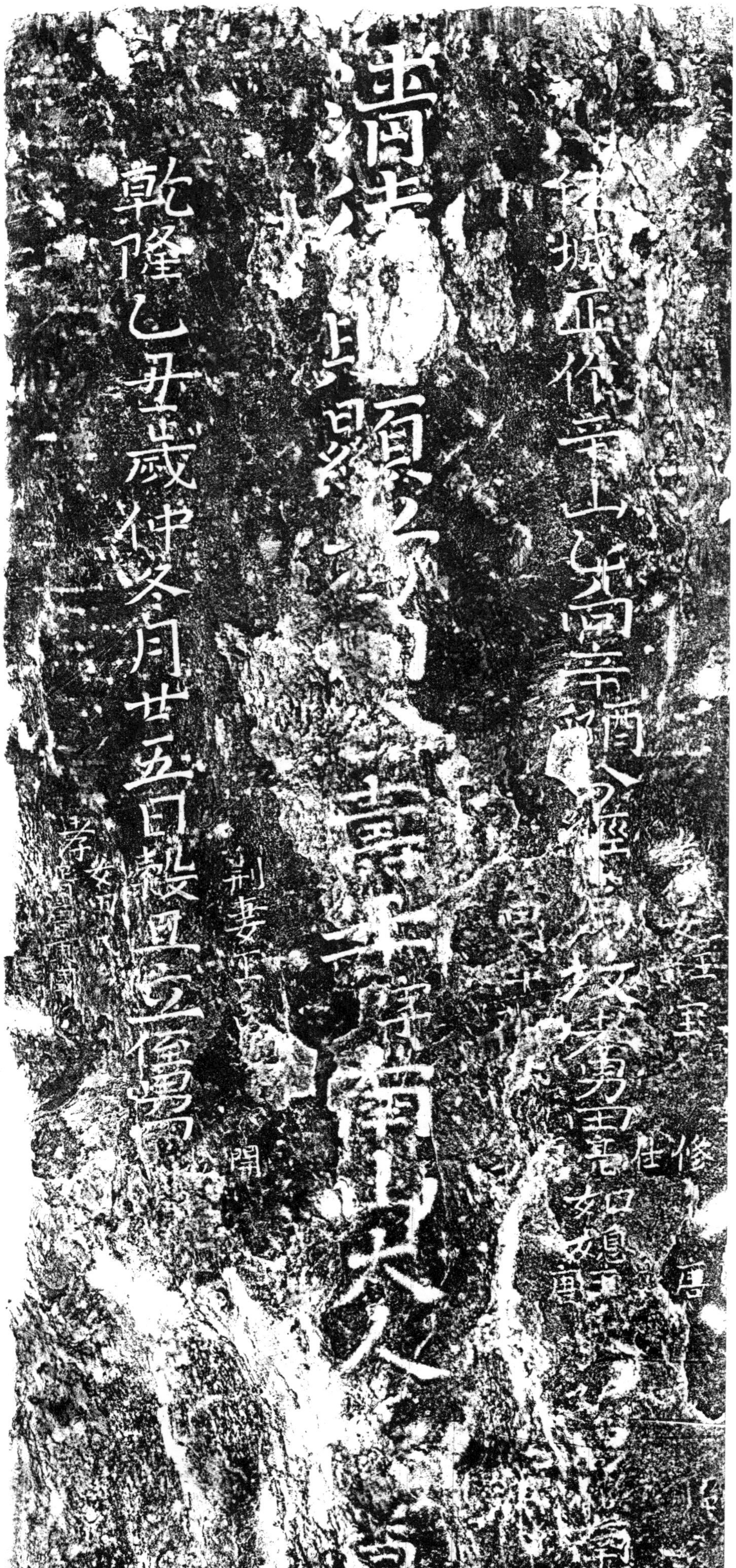

田壽年墓碑

田九龍将軍墓誌銘

【簡介】

墓誌原位置不详，現藏於鶴峰縣博物館。長56、寬43、厚9厘米。材質為紅砂岩。小楷陰刻，全文共計411字。為明萬曆三十九年（公元1611）所立，記載了墓主的一生。田九龍，田世爵次子，字子雲，號八峰，容美土司第十五任司主。

【原文】

田将軍墓誌

田将軍墓誌銘

嗚呼，此田將軍墓也。公諱九龍，別號八峰，龍溪公之嫡嗣，壯年纘宣撫戢[1]，夙常為國征討，大樹奇勳，实為天朝倚重，屢膺當塗，旌奬為西南之保障也。接年應上木政一強一銖，不敢冒支。公生平一無他好，惟喜經詩，尤陛研六經，□政而好賢下士，卓有孟嘗君風，□人□以下□何足為公侈口。早年娶覃夫人，生子□□□□□□□嗣將軍戢者，則宗愈之長君□□□□□□□□次卿宗武、宗藩亦光大户□□次□□□□□宗□宗文優，以早歲無灵幸□□至公□□□□□安撫司向中行，再者適忠峝安撫司田□□□□□夫人，又再者適靖安隘百户□石桐，又再者適五峰司長官張應龍，又再者適水盡司長官□□□□□□□社二□斯慶得公之福渥，可謂無涯矣。公生于戊子年七月二十九日亥時，卒于己酉年三月十九日戌時，茲安厝于祖茔。將軍郢陽公示余銘，余與公曾□莫逆，最知公之生平者，誼不敢辭，故為是銘。

銘曰：

嗚惟田公，勤王报国，好賢礼士。芳聲嘖嘖，後昆無涯，俱公福澤。龍蟠虎伏，千年正脈。

萬曆三十九年歲在辛亥十一月穀旦

賜進士出身兵科給事中翰林院庶吉士章華

孫羽矣拜譔

1 即『職』。

田九龍將軍墓誌銘

田應辰墓誌銘

【簡介】

墓誌原位置不详，現藏於鶴峰縣博物館。長36、寬36、厚6厘米。材質為灰白色石灰岩。楷書陰刻，共計224字。為清雍正四年（公元1726）所刻。

【原文】

萬古佳城

皇清待贈宣武將軍田公應辰墓誌銘

伏以

皇□資主配，乾元而效法奇觀，作鎮自天柱以分效規恢，虎踞之乃實□，龍盤之秀欲倍人傑，又聽地灵兮。茲田公擇兆偏於二龍定穴，在於名山惟茲佳城賨叶筮從敬作乙山辛向係艮脉行龍，誥□呈祥，福人聿於有度禎符顯瑞迨吉，啟佑無疆，是以年月日時安厝福地，起□□□，伏願□靈寂于千年，華禎元於萬古。子秀孫賢，代代亨人文之盛，曰富曰貴。户□□之樂土之□□，佳城同天，而地久祀典报神明而不朽，謹立文券永鎮山崗。

天機八字

丙午年

辛卯月

庚寅日

壬午時

（符文）永鎮山崗券 押

雍正肆年貳月 廿七 日立券

田應辰墓誌銘

向文憲墓誌銘

【簡介】

墓誌原位於鶴峰縣容美鎮屏山村二組，現藏於恩施土家族苗族自治州博物館。墓誌銘蓋長34、寬34、厚8厘米，墓誌銘長27、寬27、厚8厘米，河圖洛書磚長35、寬35厘米。墓誌銘並蓋皆為灰白色石灰岩，蓋上四角陽刻，有蝴蝶花邊，中間陽刻『墓誌銘』。墓誌為小楷陰刻，共計356字。墓誌銘並蓋及河圖洛書磚被後人取出置於墓前。

【原文】

墓誌銘

□凡古今之為將者，常有幸有不幸焉。故関内之捷也，名既全矣，而身不保；石頭之據也，身既保矣，而名不全。凡江梁邑之授符也，功既顯矣，而身與名俱丧，英雄豪杰之士，多出不幸之為。若公之起自布衣，無尺寸之階，由百捴而至旗長，營鎮至掌印信，聖主拔擢之典可謂隆矣。且肖子賢孫環遶庭膝，歷年六十，以壽考終，是人之大不幸者，而公無不幸也。公之生平素性果敢，衝鋒犯刃不少退避，為士卒先，簞食壺漿，不敢自私，與士卒同。諸隣聞其名而驚，况其立心戇直，無机巧詛詐之智，故人多感服焉。逮丁丑二月廿九日終于正寢，親戚交游、道路聞者莫不嘆息，泣數行下也。公諱文憲，字勝先，長子日旭現授小彪之戢，三子日芳以千総任事，次子幼子俱各成立。及其葬也，為公卜兆于平山，厝于大母覃氏墓之右側，艮脉癸山丁向，其塟之吉，係丁丑年十一月廿七日也。公之為人，昭昭在耳目間，固不俟文而著也，或因文而愈著，是為之銘。曰：忠直性成，奮跡戎伍，披堅執鋭，如哮如虎，國典優崇，継嗣绳武。

夫古今之爲將者當有幸有不幸焉故鬪肉之捷也
名既全矣而身不保石頭之據也身既保矣而名不今
如江梁邑之授符也功既顯矣而身與名俱喪英雄豪
傑之士多出不幸之爲若公之起自布衣無尺寸之階
由百揔而陞旗長當鎮至學卽信　聖主拔擢之典可
謂隆矣且肖子賢孫環遶庭膝歷年六十以壽考終是
人之大不幸者而公無不幸也公之生平素性果敢衝
鋒犯刃不少退遜爲士卒先簞食壺漿不敢自私與士
卒同諸隣聞其名而驚況其立心戇直無抏巧詛詐之
言故人多感服焉逮丁丑二月廿九日終于正寢親戚
交游道路聞者莫不嘆息泣數行下也公諱文憲字勝
先長子日旭現授小廒之職三子日芳以千總任事次
子幼子俱各成立及其塋也爲公卜兆予平山厝下大
母覃氏墓之右側艮脉癸山丁向其塋之吉係丁丑年
十一月廿七日也公之爲人昭昭在耳目間固不俟文
而著也或因文而愈著是爲之銘曰
忠直性成　奮跡戎伍　披堅執銳
如哮如虎　國典憂崇　繼嗣繩武

向文憲墓誌銘

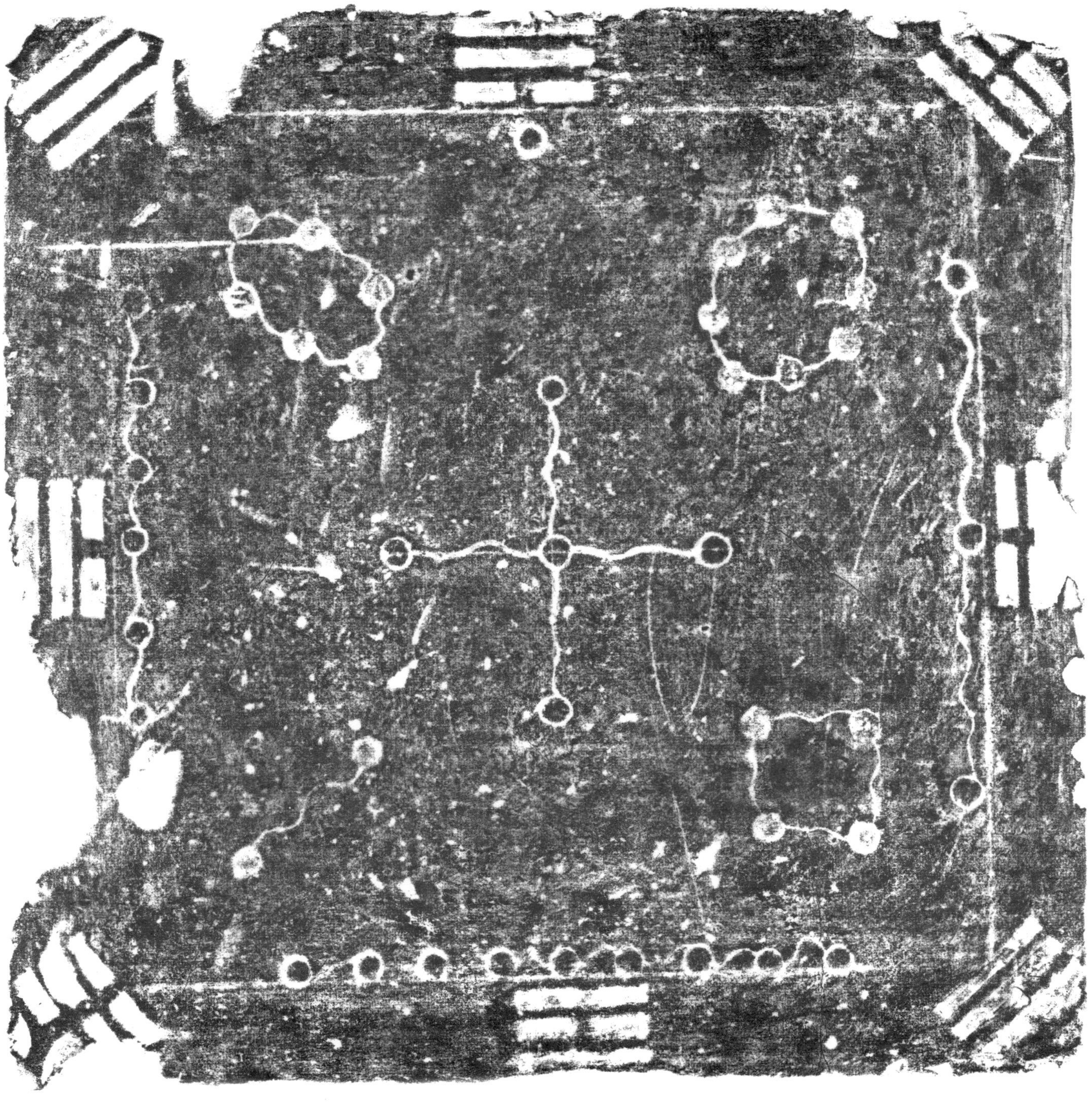

河圖洛書磚

四、紋飾類

爵府衙署區門墩石紋飾

【簡介】

門墩石位於鶴峰縣容美鎮屏山村二組。材質為灰白色石灰岩。白虎浮雕，左右對稱共兩通。左門墩石通高65、寬41厘米，右門墩石通高61、寬56厘米（彩版四，1）。

爵府衙署區門墩石紋飾

爵府衙署區條石紋飾

【简介】

條石位於鶴峰縣容美鎮屏山村二組。長110、寬20厘米。材質為灰白色石灰岩。條石上浮雕寶相祥雲花紋。

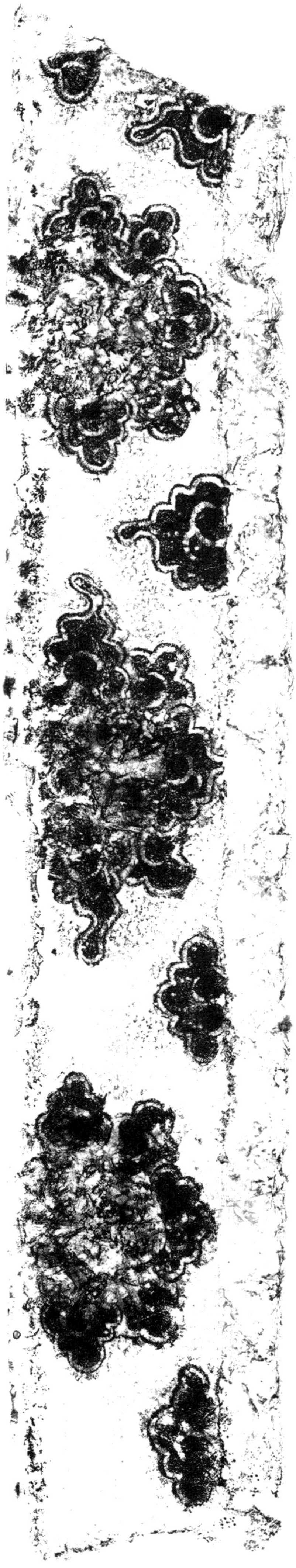

爵府衙署區條石紋飾

官墳園華表紋飾

【簡介】

華表原位於鶴峰縣容美鎮張家村三組，現藏於鶴峰縣博物館碑林。殘高80、直徑30厘米。材質為紅砂岩。圓柱形，一周高浮雕飾雙龍穿雲紋。

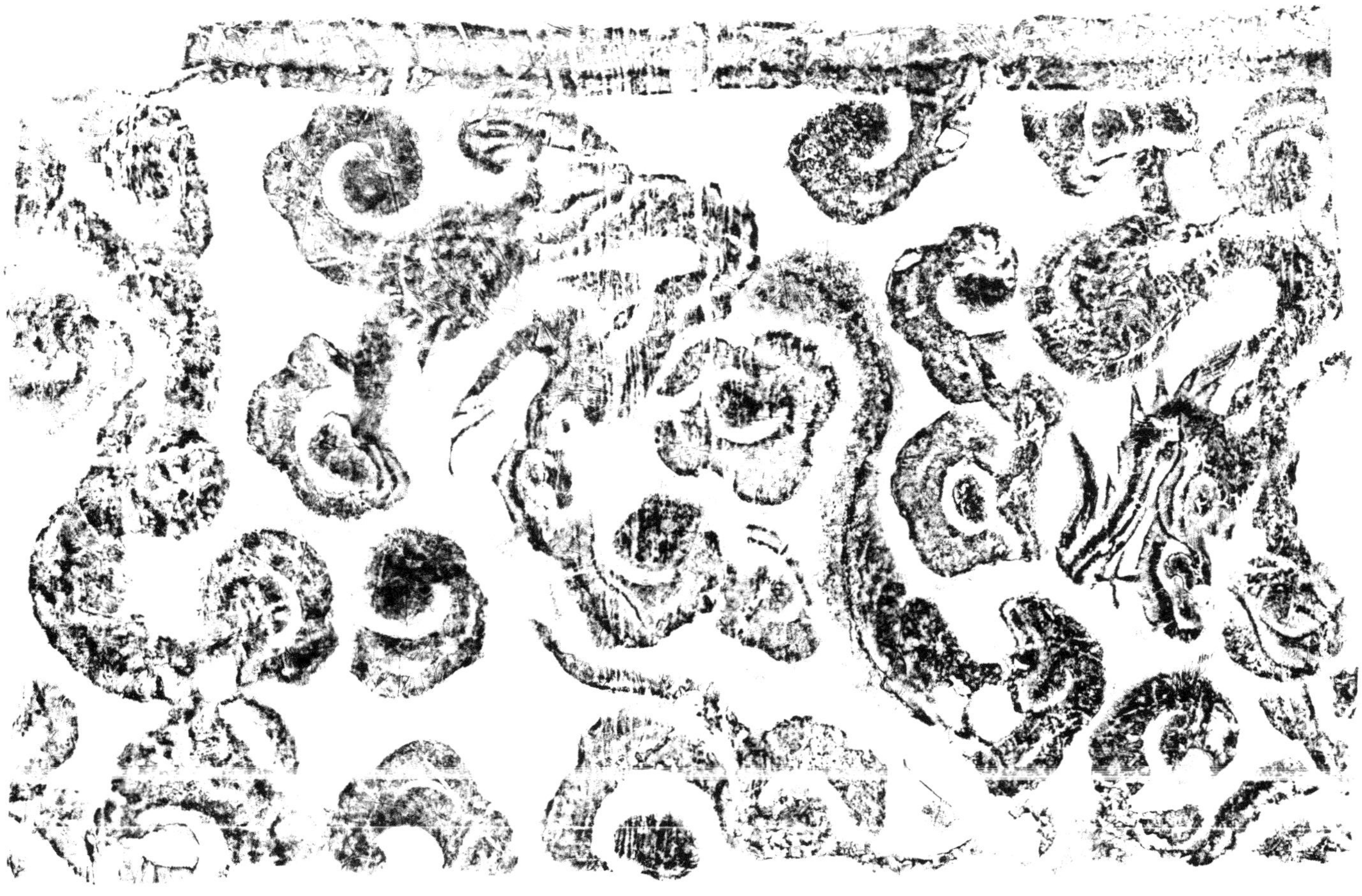

官墳園華表紋飾

南府張桓侯廟抱鼓石紋飾

【簡介】

抱鼓石位於鶴峰縣五里鄉南村村三組，立於張桓侯廟遺址。抱鼓石共兩通，第一通高125、寬68厘米，第二通高109、寬68厘米。材質皆為暗紅色石灰岩。抱鼓石兩側鼓面皆浮雕紋飾，正面皆為白虎紋，背面分別為四葉草紋、月華紋，鼓頂飾三角形几何紋及葉紋（彩版四，4）。

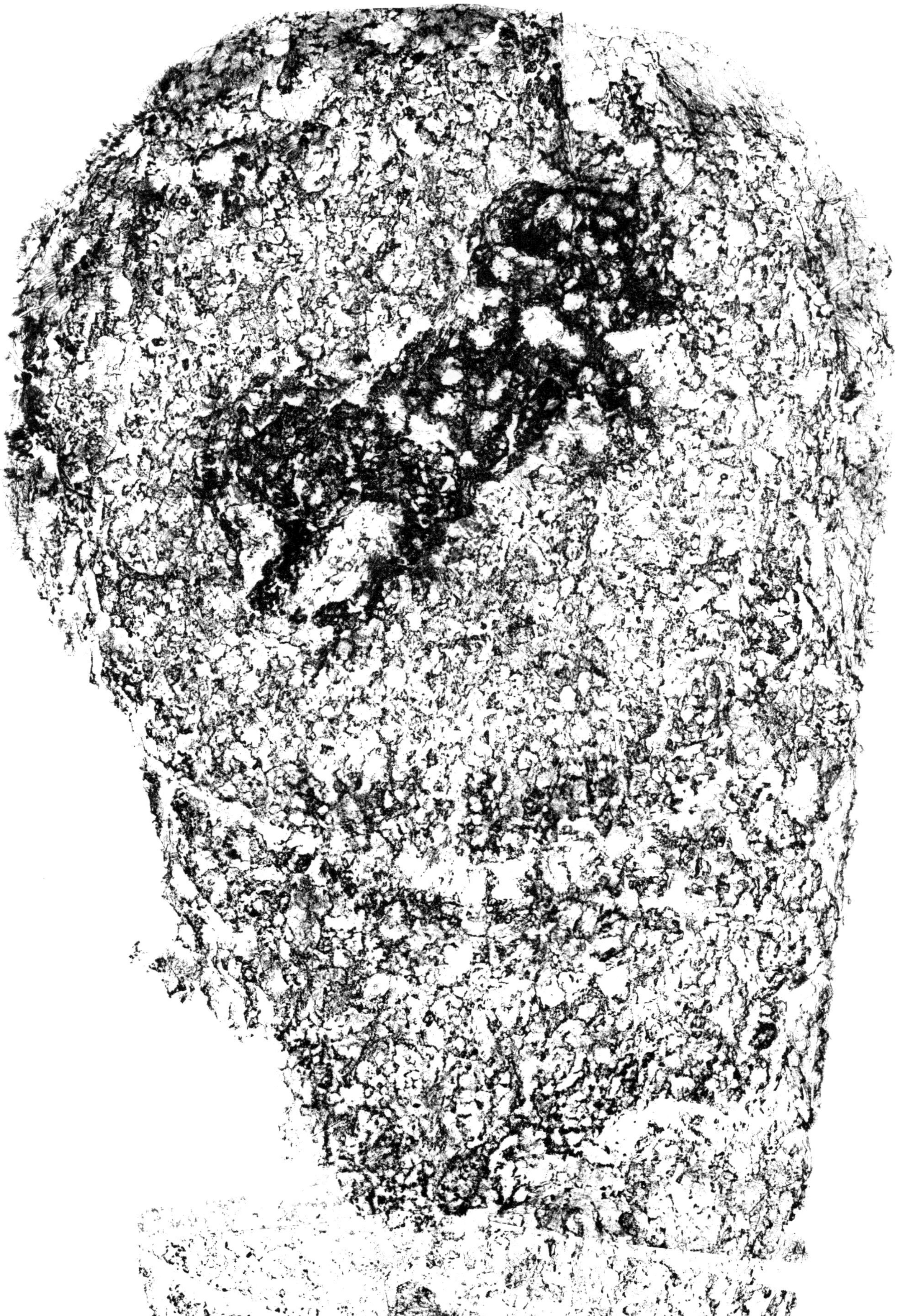

南府張桓侯廟抱鼓石紋飾　之一正面

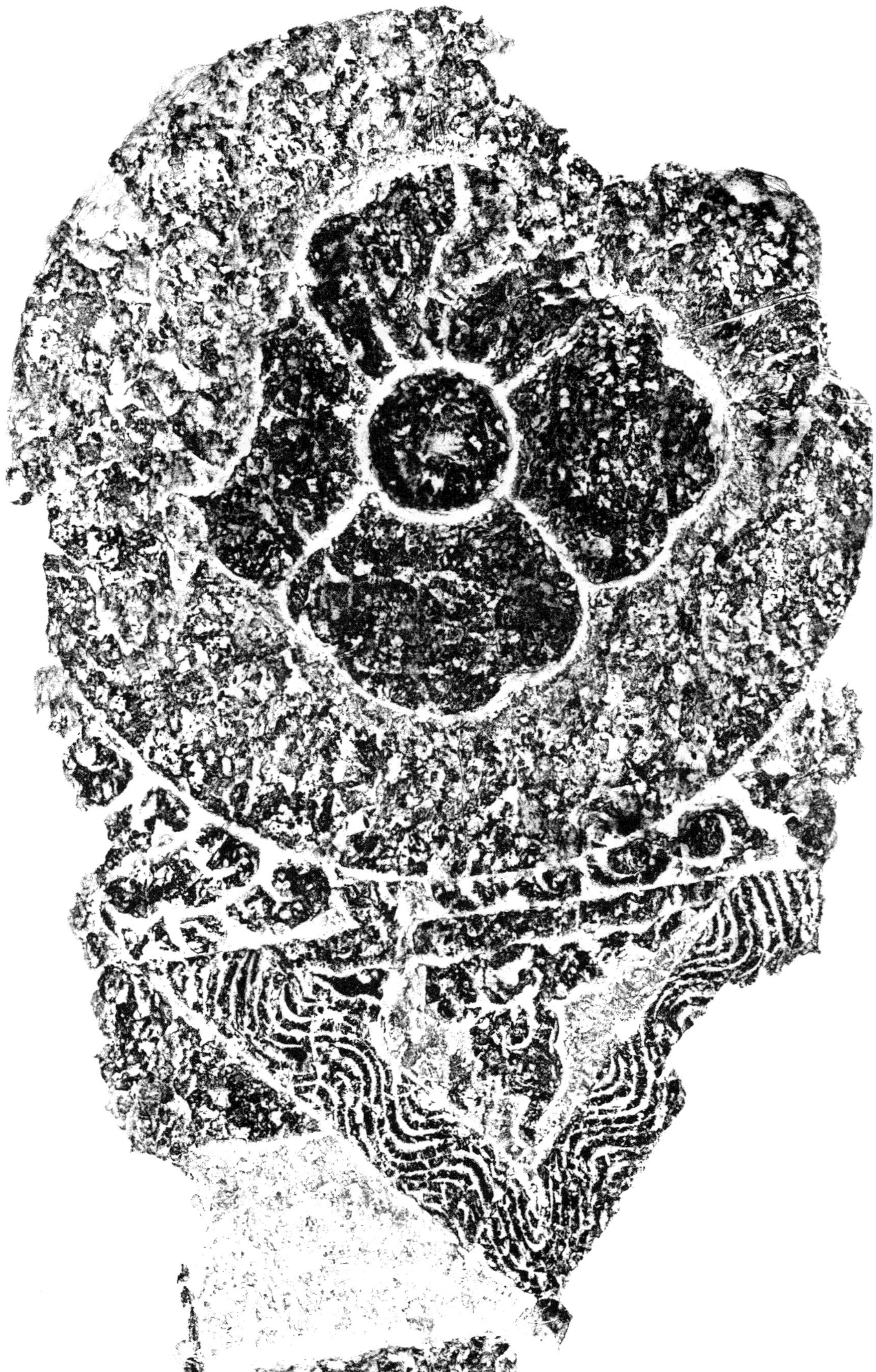

南府張桓侯廟抱鼓石紋飾 之一背面

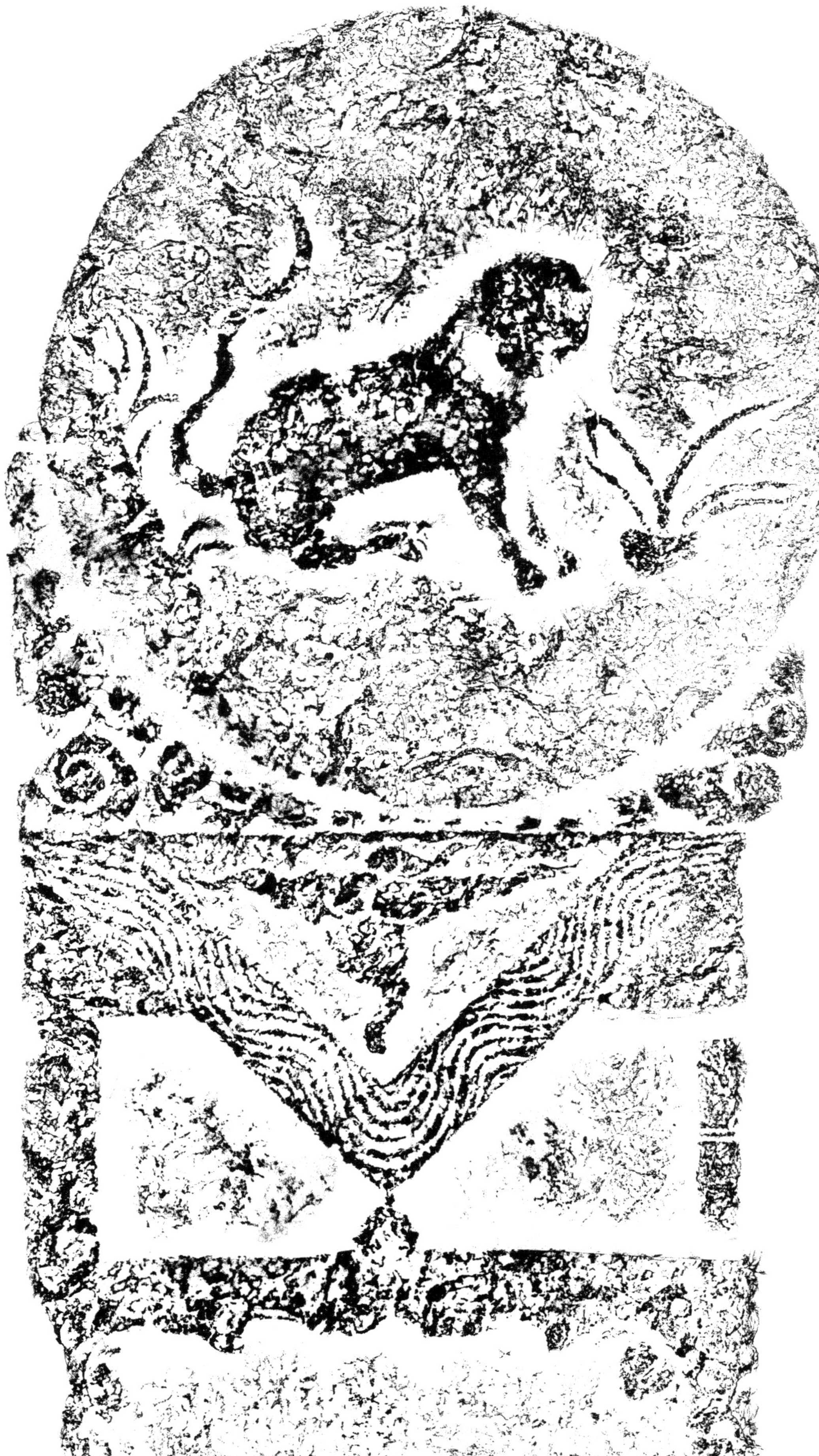

南府張桓侯廟抱鼓石紋飾　之二正面

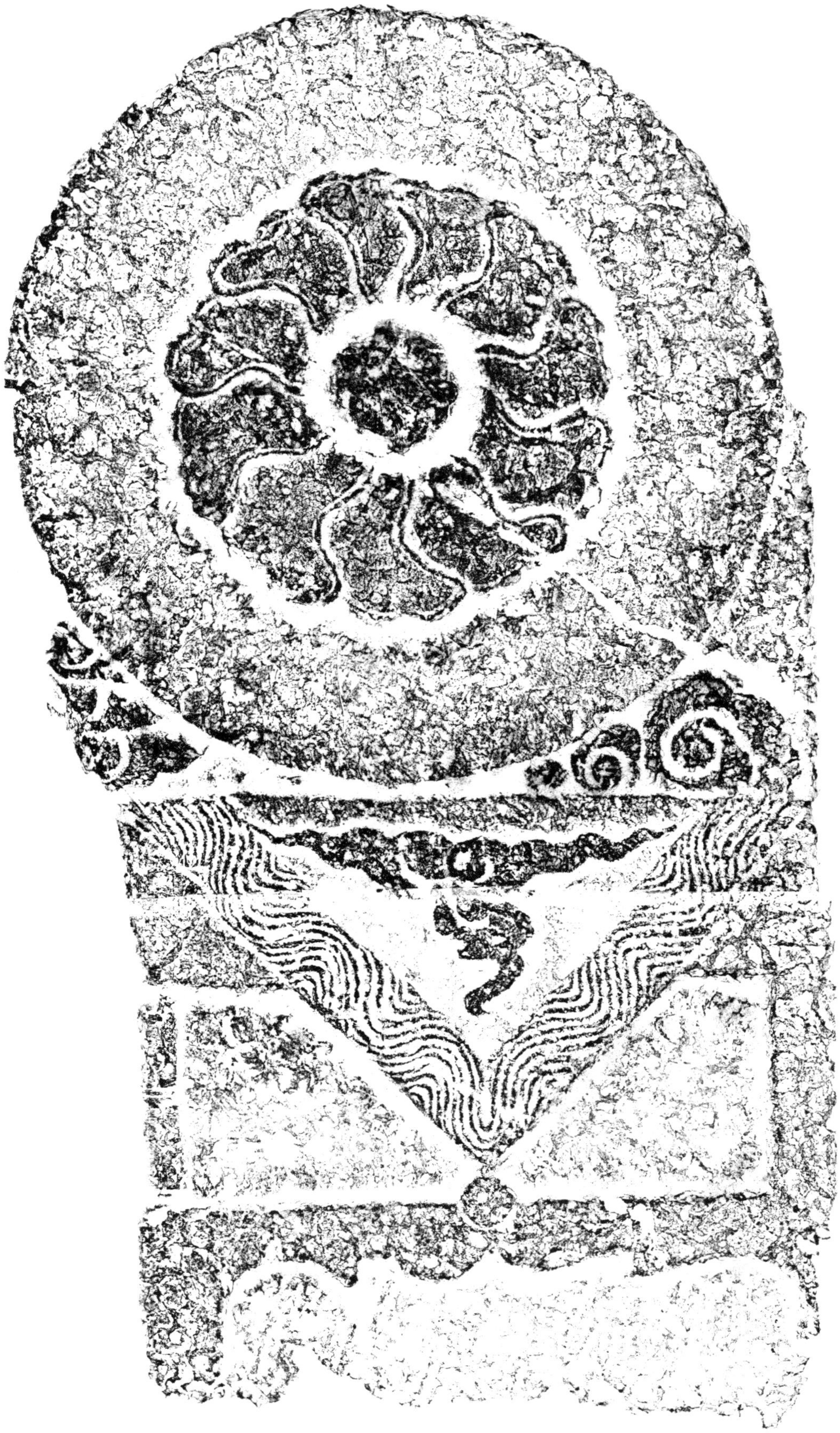

南府張桓侯廟抱鼓石紋飾 之二背面及側面

南府張桓侯廟石門柱紋飾

【簡介】

石門柱位於鶴峰縣五里鄉南村村三組。高22～28厘米，寬16～22厘米。材質為暗紅色石灰岩。石門柱上飾浮雕如意云頭紋。

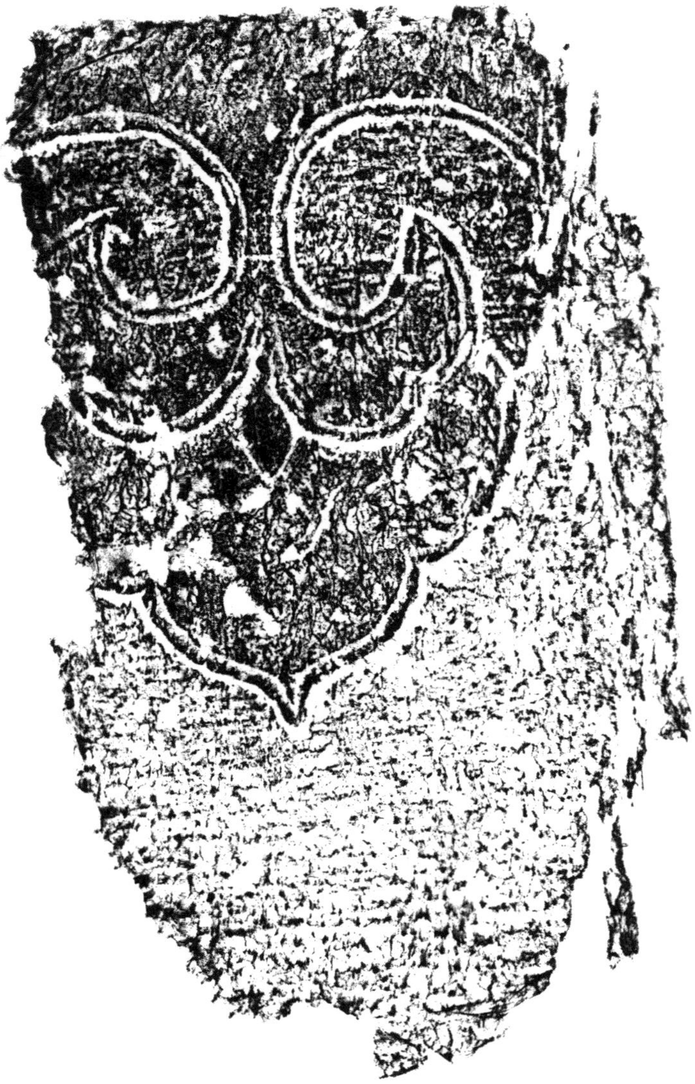

南府張桓侯廟石門柱紋飾

南府衙署區台基欄板石和陡板石紋飾

【簡介】

欄板石和陡板石位於鶴峰縣五里鄉南村村三組。材質皆為灰白色石灰岩。欄板石殘件，殘高33、殘寬37、厚7厘米。上透雕纏枝花紋。陡板石，长82、高18、厚16厘米。長方形開光内浮雕纏枝花草紋。

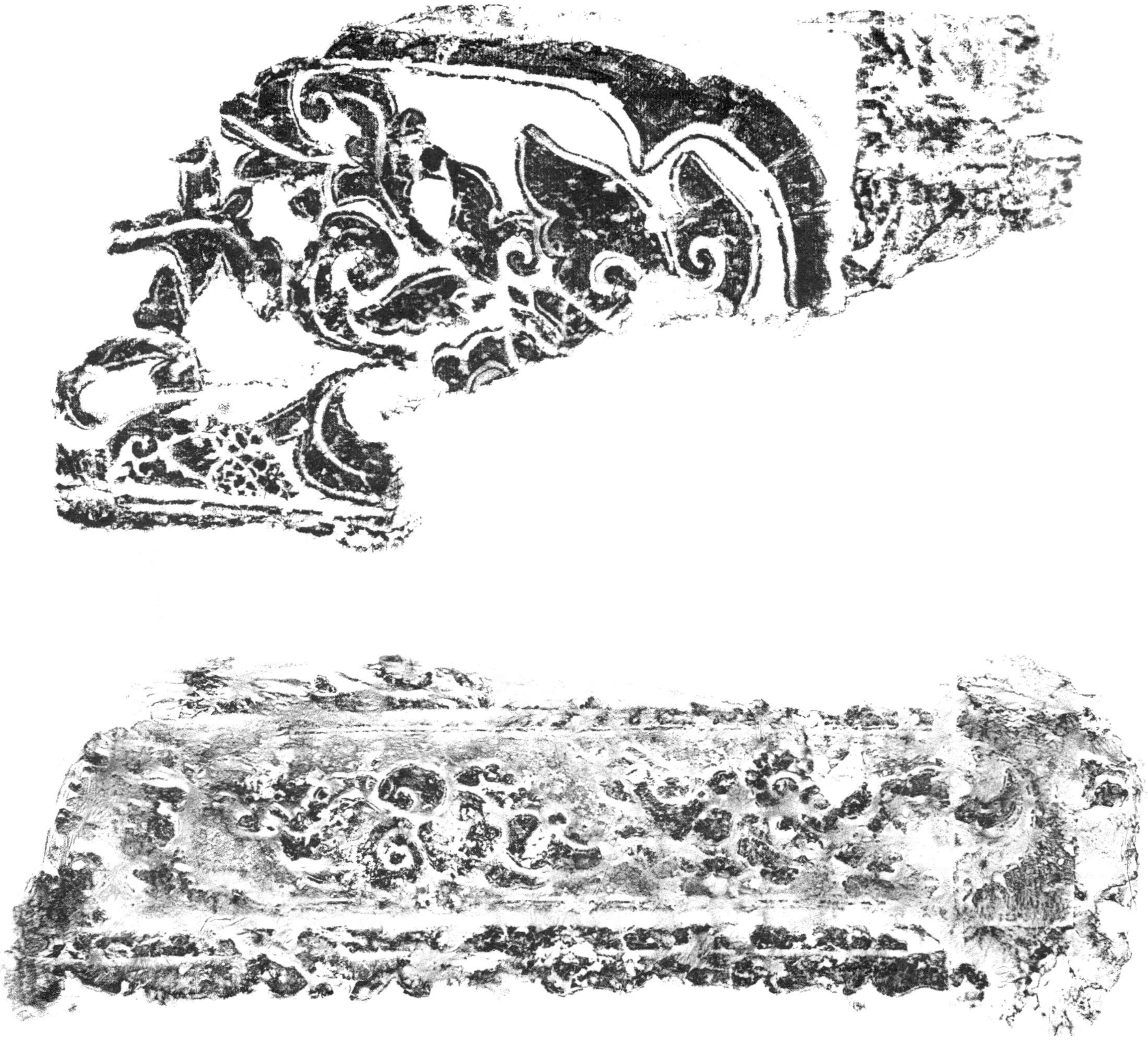

南府衙署區台基欄板石和陡板石紋飾

南府上馬凳橋護欄紋飾

【簡介】

護欄位於鶴峰縣五里鄉南村村三組。高35、寬68厘米。材質為灰白色石灰岩。高浮雕折枝花紋。上馬凳為官員上下馬之用。

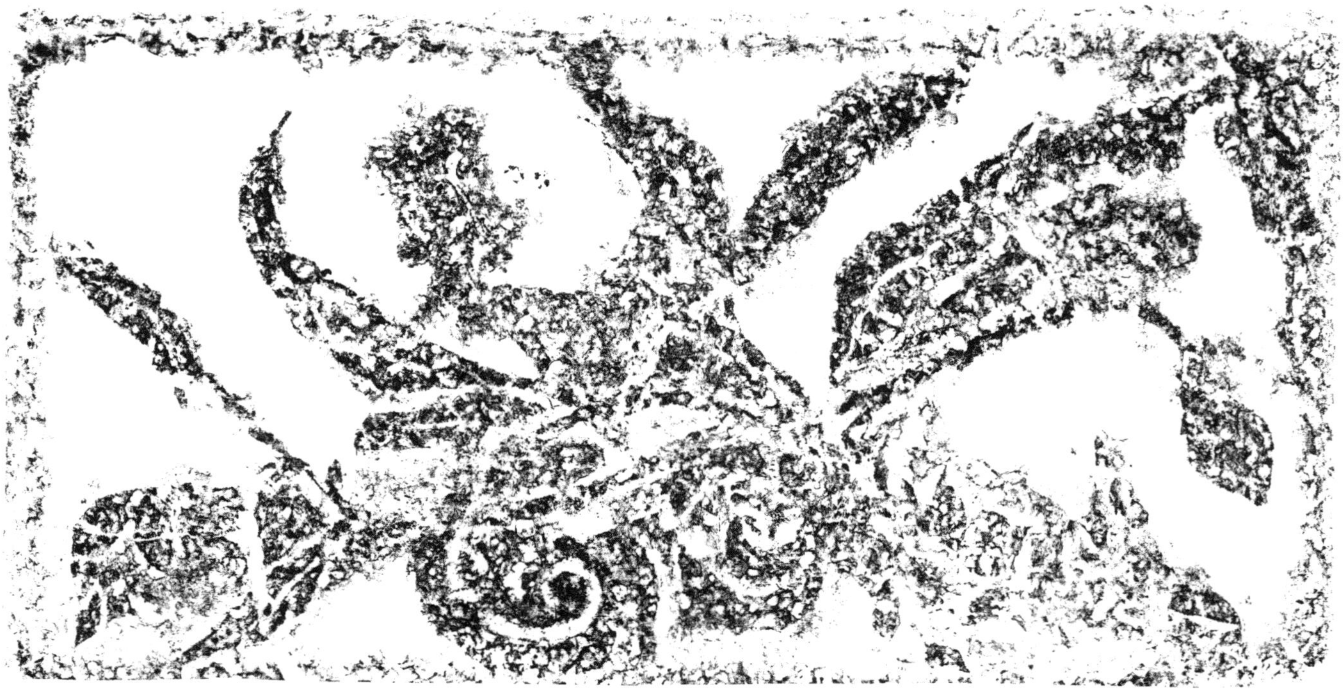

南府上馬凳橋護欄紋飾

天星寨柱礎盆身紋飾

【簡介】

石柱礎位於鶴峰縣中營鎮八字山村七組。柱礎共兩座，材質皆為灰白色石灰岩。覆盆式，盆身一周分別浮雕仙鶴祥雲和纏枝牡丹紋飾。仙鶴祥雲紋柱礎通高21、盆徑36厘米，纏枝牡丹紋柱礎通高24、盆徑37厘米。

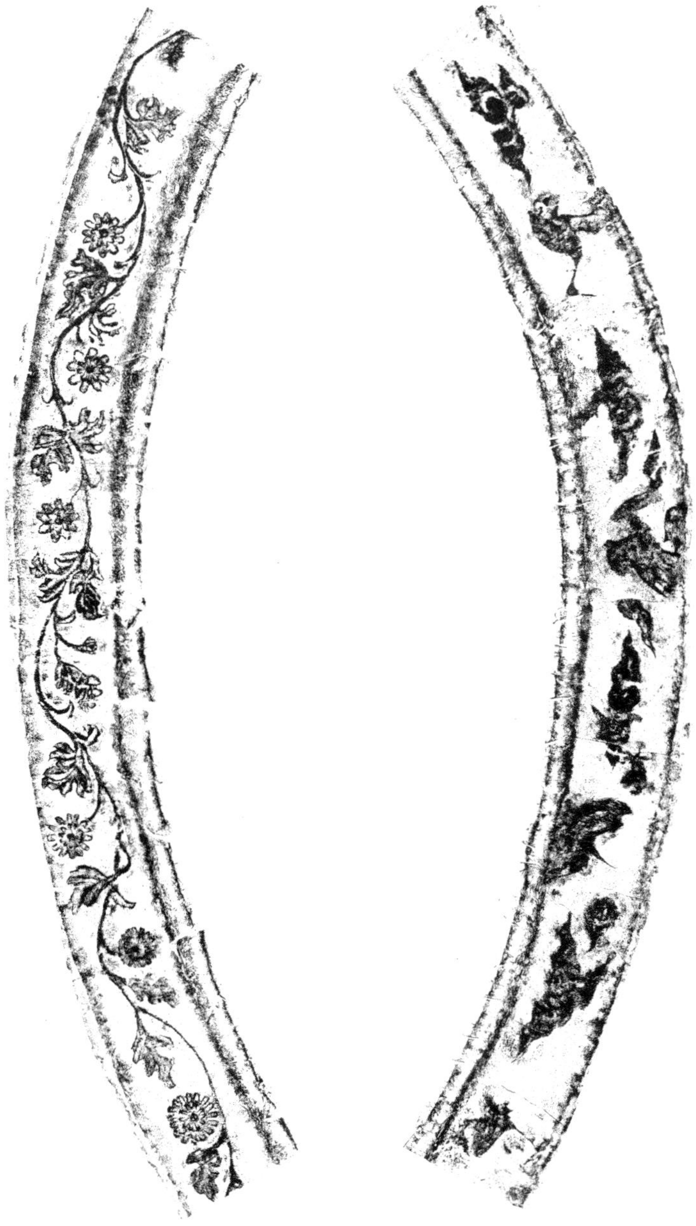

天星寨柱礎盆身紋飾

北府衙署區門墩石紋飾

【簡介】

門墩石位於五峰縣採花鄉白溢坪村。抱鼓石分为兩通，一通長85、寬41、高44厘米，另一通殘長56、寬40、高45厘米。材質為灰白色石灰岩。頂部刻寶相花紋，四面皆有麒麟、白鹿、天馬雕刻，皆有吉祥徵兆的意義。

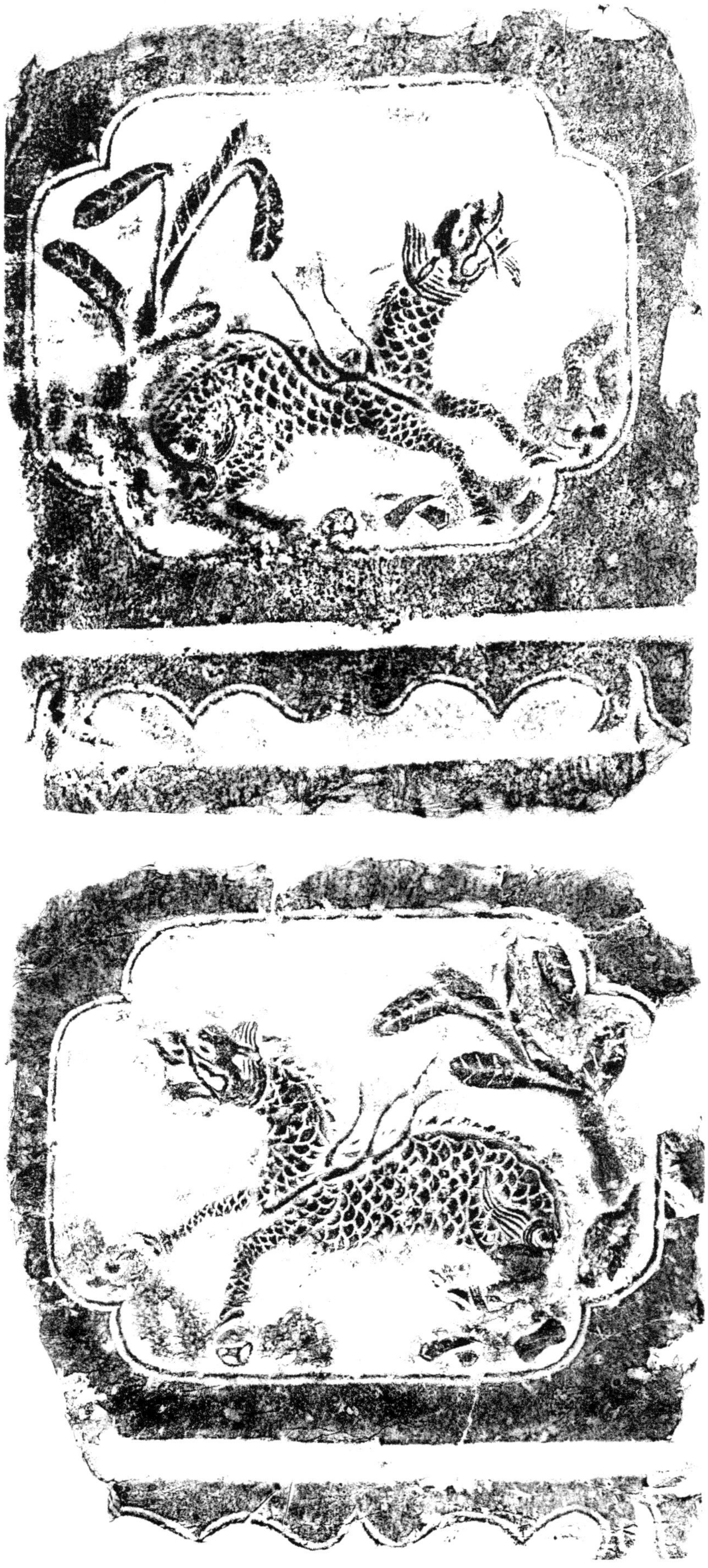

北府衙署區門墩石紋飾　之一

北府衙署區門墩石紋飾　之二

水濭司抱鼓石紋飾

【簡介】

抱鼓石位於五峰縣五峰鎮水濭司村一組。抱鼓石鼓面直徑62厘米，材質為灰白色石灰岩。兩側鼓面皆浮雕紋飾，一面為牡丹錦雞圖，一面浮雕鳳凰、麒麟圖案，寓意富貴吉祥。

刻銘介绍與析識

在容美土司遺址進行考古工作期間，發現有大批與容美土司相關的石刻。經過現場識讀，認識到石刻上不僅記載有與出土石刻的遺址相關信息，還記載有史志書籍中未提及的歷史信息，無疑是研究容美土司的珍貴歷史資料；這批石刻因人為或自然原因殘損嚴重，刻銘內容現多已模糊不清。數年內，部分石刻上記載的歷史信息可能就會徹底消亡。為了更好地保存記錄這批石刻上所攜帶的歷史信息，對石刻刻銘內容進行記錄，做好相關釋讀工作後，輯錄出版，以期將這批石刻刻銘信息長久流傳，供後人使用和研究。

本書收錄的石刻刻銘，題材豐富，以刻銘內容所攜帶的信息為主，在結合歷史文獻、考古工作成果的基礎上，開展對容美土司相關領域的學術係統研究。這是首次以石刻刻銘內容為支撐，在積累了前人的研究成果的基礎上，對容美土司開展的相關領域系統研究，研究的內容也因史學材料的增加而進一步開展深層次的內在研究。為容美土司的學術提升提供基礎資料和研究方向，是本書編著的目的，也是本書的主要期望。

一、引言

本書的編著，相對於以往有關容美土司石刻內容的研究，準備工作更充分，基礎材料更全面。對拓本的識讀也因有大量文獻資料和前人成果作為支撐，準確性較高。全書相對以往研究，有以下特點：

（一）巨細無遺、拾漏補缺

本書所收錄的石刻，首先，通過協調地方博物館、高校等相關專業人員，對已知的容美土司石刻進行調查、核對和統計，確保現有所知的石刻無一遺漏。其次，通過全面細緻的田野調查工作，發現了一大批早前不知的石刻。這批新發現的石刻，多位於高山密林、河谷洞穴的無人區內，少數撲於鄉野。石刻具體位置信息多數已不詳，只能根據一絲線索，進行反復拉網式調查才能發現，甚至工作數日而一無所獲；在調查和拓片工作期間，克服了環境、氣候、交通、住宿等諸多不便，付出了大量的艱辛勞動，但通過這次調查工作，對已知所有的石刻進行清洗、照相與拓片，使石刻的保護及文字識讀工作得到了較好的實施，豐富了容美土司遺存數量、史料內容，對容美土司研究和遺址保護起到非常重要的作用。

在調查中也發現，一些容美土司遺址相關石刻，如桂崇皋、向日芳、張彤硅等人的墓碑（墓誌銘），雖以往已被人所知，卻未引起相關研究人員的重視。這些墓碑內容雖多為簡單列述人名，但也客觀記錄了墓主及其親屬身份及相關的容美土司軍事、行政機構名稱。如『桂崇皋』在康熙二十九年（公元1690）的《百順橋碑》和康熙三十二年（公元1693）《新改荒路記》的碑文皆記載為『内左營副將桂崇皋』，後發現『清故容美標原任親丁營副総兵官桂公諱崇皋號民治府君之墓』的墓碑，碑文由五峰安撫使司田曜如（第二十二任土司田舜年第三子，末代土司田旻如之三弟）撰述，上記載『公生而浮篤秉天真……，余年三歲，主父驃騎將軍即將余負托於公，公竭力經營多方撫綏余不□，……五峰安撫使司田曜如題，皇清康熙五十一年歲次壬辰仲冬月吉旦，孝男可攀、可援，孫男聯、芳、喦、蕚、馨、馥，孫女英、弘，仝立』。桂崇皋因護養五峰安撫使田曜如成年，田在碑文中對升職為親丁營副総兵的桂崇皋高度讚揚，碑文還列及其子孫後代的譜系，這些是在正史及地方誌中不見載述的，但對我們今天認識容美土司境内各級官員升遷的信息，以及容美土司軍事及行政構架組成提供了重要的史料研究，是深入研究容美土司不可缺少的資料。

（二）廣師求益、頓學累功

在釋讀拓本的工作中，用時最多的是對碑文的識讀，尤其是碑文脫落較為嚴重的地方，是一項費時費力卻難有成效的工作。此時，借鑒和比對史籍文獻和早前研究學者成果就顯得非常重要，會給工作帶來較大的幫助，起到事半功倍的作用。如《平山萬全洞記碑》石刻已損毀嚴重，碑文僅少量殘存，原石刻拓本『及至事後，始痛□□□，……小，土軍各自耕種』，數字不可辨識，後段内容不可知。但幸在清道光《鶴峰州誌·卷十三·藝文誌》内發現有《平山萬全洞記碑》碑文記載，於是加以比對和補充，後可知『及至事後，始痛定思痛，而大修其城，即今東關之新城也。雙雲公即世，二伯父夏雲公僅遵成事，迨先少傅公始稍修理之。自夏雲伯與先少傅兩任間，流賊竄擾，歲歲用兵，皆以天泉為根本。蓋天泉小，土軍各自耕種』。通過文獻的補充和現有的研究成果對拓本的文字比對，提高了識讀工作的成效，完善了拓本的信息，對全面研究相關石刻内容有著重要作用。

在比對史籍文獻和早前研究成果時，也發現了一些新的問題。如在清道光版《鶴峰州誌·卷十三·藝文誌》内記載的《平山萬全洞記碑》，所記載碑文内容和現場拓片識讀部分内容差異巨大，後以現場拓片識別為主，兼以文獻記載内容為參考；再如《情田峝記、捷音者敘》兩篇刻錄在一塊岩壁上的碑文，現有相關資料有記為《晴田洞記》，有記為《情田峒記、捷音者敘》等，不一而足；再如《捷音者敘》碑文中，原抄寫識讀為『當此盛名競競，以不德莫敢效古人勒石，以濫鞠公民乎！』新識讀為『當此盛名，敢以不德是□，敢效古人勒石以濫居功名乎？』；再如《百順橋碑》碑文中，原抄寫識讀為『山川待人，……而□□□無才無德癡□子，自承先緒□□凡祖功德』，現識讀為『山川待人而興，地亦乃待天時而成事。舜年無才無德，癡頑□子。自承□先緒以來，凡祖功宗德所□□□而未了之事』。文字内容也較以往識讀增加了可辨識的字數，並對以往識讀、碑文進行了核查。由此可見，本次工作是卓有成效的，校勘和增補了基礎的文字材料，對容美土司的基礎研究資料提供了重要幫助。

（三）與史互證、補充文獻

正史及相關地方史誌對容美土司記載得較為簡略，多有謬誤。容美土司雖有史官，但在『改土歸流』時期，史籍多已遺失。因此，其文獻資料相對保存較少。而通過對一些石刻上的信息進行分析，可對文獻進行補充，如《清實錄·世宗憲皇帝·卷之一百五十》記載：『湖廣容美土司田旻如、朋謀抗拒官兵。該犯雖懼罪自縊，仍應戮屍。妻子給功臣之家為奴。財產入官。同謀之向日芳等、俱應分別治罪。』可知向日芳於容美土司之重要，獲罪之大。但正史及相關文獻多未提及其生平介紹、具體職官、最終歸宿；後在容美土司爵府遺址片區爵府行署區遺址處找到其墓葬與碑文，方得知其具體生平，『孝侄女向氏、婿黃應科、宋啟太……，待贈芙蓉土知州兼管中營旗鼓事，孝孫男向登孝，向登……，清故顯考向日芳號葵陽大人眞性之墓，清乾隆柒年歲在壬戌季冬月望日，孝女向氏、婿李然祖，孝男向應時、媳桂氏……向應興……』。說明向日芳當時官職為『中營旗鼓』，司主田旻如可能對其許諸官職，但隨著容美土司的覆滅，其終只能待贈『芙蓉土知州』。然而幸運的是，其在乾隆七年（公元 1742）善終，全家也未受謀逆的牽連。這些石刻資料展示的信息，進一步補充了文獻資料，對完善容美土司歷史信息有著舉足輕重的意義。

我們也發現部分石刻信息是各類史籍所未記錄的，但卻生動地展示了當時容美土司的社會、政治、軍事、生活等狀態。如《情田尚記、捷音者敘》中《捷音者敘》碑文：『已聞永順、散毛諸司牧連，雖有相向之念，予靜以待邊，俄間兵動，接取叛人馬罗洞子，□已而發偏師三百，永兵已連營万衆于你此洞。自我兵奮逼繼進，僅前哨二十五人所破陣，斬三十余名，生擒十余名。』記載了容美土司與永順、散毛土司間的戰爭場面及戰爭中所殺伐的人數，這是不見於相關史誌的史料。這些石刻資料提供的信息，彌補了史書的缺漏，校正了史書的訛傳，對深入研究容美土司文化有著重要意義。

二、石刻的分類

通過對石刻內容的細緻解讀，獲得了大量的文字信息。根據這些信息的內容，將石刻題材分為營建及敘事、地理名稱、墓碑及墓誌銘、紋飾四大類，下面對其分類進行簡介。

（一）營建及敘事類石刻

營建及敘事類石刻記錄了容美土司境內營建的樓臺亭閣和道路通衢的基本情況，以《新改荒路記》《九峯橋》等石刻為代表。根據這些刻銘的記載，樓臺亭閣、道路目前雖已損毀，但仍可通過刻銘內容得知當年的相關信息，成為今天遺址保護、道路交通復原的重要資料。

同時，這些刻文中，也不僅僅全是有關建築、橋樑及道路修築通衢的記載，也記錄了建築營建過程與意義，或相關事件發生的石刻。這類石刻以《山高水長》《保善樓記》《漢土疆界》為代表，記錄了大量容美土司境內外發生的重要事件以及自我建置與境域管理及糾紛的史料。而這些事件又多未被正史所記載。通過對這批刻銘資料研究，補充了歷史事件的相關信息，對全面研究容美土司有著重要作用。

（二）地理名稱類石刻

地理名稱類石刻主要是記載地理位置的石刻，這類石刻數量相對較少。目前僅發現有《紅茅尖》和《情田尚》兩通，主要對地名起到導向作用。此外，在營建及敘事類石刻裡也大量提到地名，這些地名與文獻記載的地理位置可以起到相互辨識與核對的作用，也是我們對遺跡命名的主要依據。

（三）墓碑及墓誌銘類石刻

墓碑及墓誌銘類石刻主要是對容美土司境內官員的身份進行記錄，還有的是記載表彰自己或家族功勳的石刻，以明崇禎二年與清康熙二十三年立的兩通《奉天誥命》碑為例，碑面刻文記載了田氏土司家族受到朝廷表彰的榮耀，來向境內民眾昭示田氏是其唯一領導者，是其他人所不能逾越的。同時這也證明奉天誥命碑所在的官墳園，是容美土司田氏一族至少自明崇禎二年至清康熙二十三年的祖塋。這對我們瞭解和分析明末清初時期土司家族譜系及容美土司與中央政權關係有著重要意義；土司官員的墓碑及墓誌銘碑文記載了墓主在土司內的官職，如《待贈內中營副將劉民安夫婦墓碑》《石梁安撫使司兼左營副總兵官田餘菴夫婦墓碑》通過與《新改荒路記石刻》《百順橋碑》石刻內的官員名稱相互印證，是今天瞭解容美土司境內各級不同官員組織結構的重要史料，部分軍政官職、官員名單是新發現的，對研究容美軍政、社會組織結構有著重要意義。

墓誌銘主要記錄了墓主人的姓名、籍貫、生平事略，並對墓主的一生進行贊譽，這一類石刻以《田九龍將軍墓誌銘》《田應辰墓誌銘》《向文憲墓誌銘》為代表。有助於瞭解墓主參與的一些容美土司相關活動與重要歷史事件的信息綜述，有些作為重要當事人還提供了歷史事件發生的原因、過程等隱秘信息。

（四）紋飾類石刻

在所發現的石刻構件中，有一批雕飾花紋的飾件，從紋飾所在的石刻載體類別上看，有建築構件上的裝飾，如柱礎、門磴、枋額等。有墓碑碑額及邊框。紋飾的內容有動物類的龍、虎、仙鶴、鹿等，也有植物類的纏枝花等。這些紋飾是瞭解土司時期文化藝術習俗的重要窗口。

總的來看，容美土司所見石刻刻銘書體以楷書為主，偶有篆書。刻文以明清時期常見的漢文字為主，雜有少量『異體字』，且保留當時漢字書寫和使用的特點。字徑多在 0.01 ~ 0.1 米，筆法技法遒勁、清秀。少數碑文如『情田間』『九峯橋』字體可達 0.5 ~ 0.7 米，筆法技法雄渾大氣、勁健豪放，具有較高的書法價值。紋飾雕刻工藝採用圓雕、浮雕、透雕、減地平雕等各種技法，創造出眾多風格各異、生動多姿的藝術品。

另有容美土司東陽灣墓地出土的石像生未拓片，但放於書後彩版，以供各位專家學者賞析（彩版三，1、2）。

三、認知與析識

通過這批刻銘資料，對容美土司境內疆域、軍政機構、營建、墓葬有一些初步的認知，再結合文獻資料和考古成果在這裏進行部分簡述式析識，以供專家學者通曉，或進行深入討論與研究。

（一）容美土司的疆域

容美土司境內目前共發現三塊『漢土疆界』碑，分別為原湖北長陽縣（今五峰縣）境內的懷抱窩與漂水岩『漢土疆界碑』，及原湖南慈利縣境內麻寮千戶所與容美土司相交界的大岩關『漢土疆界碑』。三塊碑至今仍存於故地，其中，懷抱窩與漂水岩兩處的碑刻文字內容完整，大岩關處碑刻殘缺。懷抱窩與漂水岩兩處『漢土疆界』碑的立碑年代為清雍正三年（公元1725），大岩關『漢土疆界』碑的立碑年代不詳。立碑的對象，一方是容美土司末代司主田旻如，另一方是與容美土司交界的荊州府、枝江縣、長陽縣、嶽州府、慈利縣九溪協、麻寮所、宜都營等地方官員，以及桂北藩司、湖廣湖北等處承宣佈政使司正堂等行省級別官員代表，共同勘立的邊界條約。

地方政府與少數民族土司疆界劃分，是宋代羈縻政策與元明時期土司制度在管理上的延伸，是保証土司與地方政府的利益關係所確立的邊界綫與條約。現存最早的『漢土疆界碑』為五代時期湖南的湘西土家族苗族自治州永順縣會溪坪的『溪州銅柱』，它是五代時期漢區與土家族區域的界綫，同時也是雙方制定條約的憑証。而據《施南府誌》記載，宋代亦曾在施州（今天恩施境內）的邊界豎立過『咸平（公元998 ~ 1003）石柱』『天聖（公元1023 ~ 1032）石柱』等界碑柱。可見利用碑柱等標識來劃分邊界、制定約束雙方條約是有一定的歷史基礎和可信度的，也為漢土雙方所共同認可。

從《漢土疆界碑》所展示的內容來看：一是查勘具體邊界，解決容美土司與周邊地方府縣長期存在侵佔田地、互相爭議的事件，要求『蠻不出境，漢不入峒』，確保漢、土相安，互不滋事；二是調解自康熙二十七年（公元1688）以來的土地糾紛，要求容美土司退讓購買的枝江、長陽等地的田產，同時承認明末清初土司侵佔的白溢、麥莊等地為容美土司世守之業，仍歸土司管轄；三是記錄與容美土司就邊界劃分、土地退讓等談判過程與依據。

從碑文內容來看，容美土司的疆域並非一成不變。在雍正年間豎立『漢土疆界』碑之前，其疆域變化依據文獻及碑刻內容大體分為三個時期。

1　擴張時期

容美土司自元至大元年[1]（公元1308）自今湖北省恩施州巴東縣、建始縣及鶴峰縣三縣交界處的容米洞興起後，開始向外擴張，至明永樂五年[2]（公元1407）其所控疆域大體北至今五峰縣（原長陽縣所轄），南至今鶴峰縣中營鎮、容美鎮，東至今鶴峰縣走馬鎮，已由一個洞蠻演變成擁疆約

1 （元）佚名：《招捕總錄・四川门・三月條》『至大元年三月，大弟什用，集洗王、不鬼、散毛洞等兵，侵者等洞，既具出降，遣墨施什用、答旲什用赴闕。五月，歸州巴東縣唐伯圭：「十七洞之眾，惟容米洞、罔告洞、抽欄洞有壯土兵一千，餘皆不足懼也」』。

2 《明實錄・太宗文皇帝・卷六十五・永樂五年三月二日》：『復設東鄉五路安撫司，命譚忠為安撫隸施南宣撫司，石樑下峒、椒山瑪瑙、水濜源通塔坪三長官司俱隸容美宣撫司。』

3000平方千米的地方諸侯，同時也確立了容美土司的基本疆域；至明末清初，容美土司繼續向北擴張至今長陽縣縣城境內[3]，向南擴張至今鶴峰縣太平鎮，向西滲透至恩施州巴東縣、建始縣清江以南區域[4]，向東擴張至今五峰縣漁洋關鎮附近[5]，所轄面積約7000平方千米，至清雍正年間『改土歸流』前夕，容美土司退出侵佔的部分疆域，退縮至今鶴峰縣和五峰縣境內，據漢土疆界碑位置，知其所轄面積仍約有4000平方千米[6]。

容美土司在元末明初時期的擴張，分為向漢地和向蠻地兩個擴張方向。其中向漢地擴張的過程中，先後在元至大二年（公元1309）、元至大三年（公元1310）、元泰定元年（公元1324）、元泰定三年（公元1326）、元至順二年（公元1331）、明洪武四年（公元1371）、明洪武二十年（公元1387）[7]七次因寇掠長陽縣（今長陽縣五峰縣）和鶴峰縣境內漢化的麻寮土司（所）[8]而被朝廷討伐。但每次朝廷討伐，容美土司則或招降或直接投降。如元至大三年（公元1310），『容美洞田墨連結諸蠻攻劫麻寮等寨。方調兵討捕，遣千戶塔術往諭田墨施什用等來降。宜立黃沙寨，以田墨施什用為千戶』；元泰定元年（公元1324），『容米洞蠻田先什用等九洞為寇，四川行省遣使諭降五洞，餘發兵捕之』；元泰定三年（公元1326），『容米洞蠻田先什用等結十二洞蠻寇長陽縣，湖廣行省遣九姓長官彭忽都不花招之，田先什用等五洞降，餘發兵討之』。因此，在向漢地擴張過程中，雖被中央朝廷屢次討伐，但每次都及時被招降或投降，本身並未受到巨大損失，卻也只能依靠百年間的蠶食才侵吞了長陽、巴東等少量漢地地區。但每次同容美土司共同寇邊的其餘洞蠻，則多數遭到討伐，甚至覆滅。因此，容美土司向蠻地的擴張則較為順利，可能趁朝廷討伐之機吞並其他洞蠻，驅趕麻寮土司，其南部邊界擴充千里，直至與現湖南境內強大的桑植土司接壤後，才停止擴張。

---

3 陳金祥等：《長陽縣誌·民族人口·土司及土司管轄區》，中國城市出版社，1992年。記載：『迨崇禎十七年（公元1644），水濜土司唐鎮邦（容美司主田玄之外孫）進而乘亂出兵攻佔了縣城龍舟坪，……此後，唐氏實際控制長陽二十餘年。……以致斯時五任知縣未能親履任所，只能駐荊州或夷陵州「遙領縣事」。』

4 （清）廖恩樹等：同治版《巴東縣誌·卷十五·藝文誌·移民古制》：『貴司與敝邑以地界相爭者，自明季以來，至於今日，幾無寧晷』。

5 （清）顧彩著，吳柏森校注：《容美紀遊》，湖北人民出版社，1998年。載『渡漢陽河，清淺可浴，然容之地界到此儘也。抵漁洋關宿，屬長陽縣』。

6 詳見《容美土司遺址》圖一，容美土司末期疆域示意圖。

7 哈銳、任承允、甲纘緒等撰：（公元1940）《天水縣誌·卷十三·藝文誌·金石》收錄的《大元贈懷遠大將軍，河東、河西等路萬戶府副萬戶、輕騎都尉，追贈譙國郡侯曹公墓碑銘》記載『至大二年，施州美容洞□麥色什侵□寨（官），剽掠居民，川省擬友慶領兵□入賊巢』；（明）宋濂等：《元史·卷二十三》，中華書局，1976年，第529、530頁，『四川行省紹慶路所隸容米洞田墨，連結諸蠻，攻劫麻寮等寨，方調兵討捕，遣千戶塔術往諭田墨施什用等來降。宜立黃沙寨，以田墨施什用為千戶』；（明）宋濂等：《元史·卷二十九》，中華書局，1976年，第652頁，『夔路容米洞蠻田先什用等九洞為寇，四川行省遣使諭降五洞，餘發兵捕之』；（明）宋濂等：《元史·卷三十》，中華書局，1976年，第669頁，『［容］米洞蠻田先什用等結十二洞蠻寇長陽縣，湖廣行省遣九姓長官彭忽都不花招之。田先什用等五洞降。餘發兵討之』；（明）宋濂等：《元史·卷三十五》，中華書局，1976年，第788頁，『辛丑，懷德府峒蠻二十一洞田先什用等以方物來貢，還所虜生口八百餘人，給其家』；《明實錄·太祖高皇帝·卷六十四·洪武四年四月六日》『中山侯湯和師克歸州，李逢春烽火山寨分遣南雄侯趙庸宣寧侯曹良臣帥兵取桑植容美洞，及會江夏侯周德興合攻茅岡覃垕寨，庸至中途而還，獨良臣會德興攻諸山寨平之，和仍駐師歸州』；（清）張廷玉等：《明史·卷一百三十》，中華書局，1974年，第3827頁，『二十年充征南副將軍，討平容美諸峒』。

8 元至正二十四年（公元1364），置麻寮宣撫司，元至正二十六年（公元1366），又改為麻寮長官司。明洪武二年（公元1369），麻寮土司唐湧納土投誠，敕賜鐵券，改麻寮土司為麻寮所。麻寮所活動區域在今鶴峰縣南渡江以南的五裡坪、走馬坪和五峰縣灣潭等地。麻寮土司所初駐五裡坪『麻王寨』，後在麻王寨南方岩下創立衙署，名曰南府，後被容美屢次掠奪，逐漸退至今走馬鎮大岩關外。麻寮所及其前身麻寮土司首領均為唐氏世襲。資料來源於（明）宋濂等：《元史·卷二十三》，中華書局，1976年；（民國）田興奎修，吳恭亨纂：《慈利縣誌》；（清）《康熙九溪衛志·麻寮所誌》等。

2　守成時期

明永樂五年（公元 1407）後至明嘉靖十三年（公元 1534），未見到記載有關容美土司寇邊或被徵討的信息，但發現大量容美土司對朝廷納貢的信息，推測這一時期，容美土司懾于明中央政權的強大，未再進行大規模的擴張，其疆域面積變化不大。

3　巔峰時期

明嘉靖末期，容美土司又開始向周邊區域滲透擴張，至明末農民起義期間，容美土司開始利用剿滅張獻忠農民軍出兵勤王的機會，先後進佔巴東、長陽等地。清初又利用南明政權、夔東十三家與清中央政府、吳周政權與清中央政府在湖廣與四川地區拉鋸時，無力對周邊區域進行有效管轄，向外蠶食周邊區域[9]。約至清康熙中期，容美土司侵佔了巴東縣、建始縣等清江以南地區。此時，在司主田舜年的掌控下，容美土司達到鼎盛時期，疆域約 7000 平方千米。

直到清康熙末年雍正初年，清中央政權穩定後，開始加強對土司周邊區域管理，容美土司開始退還所侵吞的土地和人口，退回傳統統治區域，並與周邊地方政府簽訂疆界條約，立『漢土疆界』碑，將容美土司以往侵佔的『飛地』予以退還，但地方政府同時也承認部分容美土司在清康熙二十三年（公元 1684）前侵佔的長陽縣（今五峰縣）如白溢、麥莊等土地。總體來說，這對容美土司是一個略微占優的協議，但也為幾年後『改土歸流』之時容美土司周邊地區官府對其打擊報復埋下隱患。

根據容美土司在這三個時期疆域的變化情況，大體可總結出容美土司疆域變化的規律。即在中央王朝衰弱、社會動蕩時期，開始侵佔四鄰，大肆擴張。在中央王朝強盛，社會安定之後，又開始妥協，與地方官府解決邊境爭議，並以『漢土疆界』碑的形式予以互相確立。然而隨著中央王朝統治加強，漢土地區交流發展，分裂的土司制度與強盛的中央集權越發不協調，終於在清雍正十二年（公元 1734），隨著『改土歸流』政策的實施，容美土司徹底覆滅，其統治疆域被劃分為鶴峰州（今鶴峰縣）和長樂縣（後改為五峰縣）。

（二）容美土司的軍政管理

1　職官設置

顧彩在《容美紀遊》中記載『其官屬旗鼓最尊，以諸田之賢者領之。國有征伐，則為大將，生殺在掌。然平日亦布衣草履，跨驢而行，絕不類官長也。其五營中軍則以應襲長子領之，官如副將。左右前後四營，同姓之尊行領之，如參遊。下列四十八旗長官，如都司。又有領纛，主客兵，以客將為之。旗長下各有守備、千總、百戶，名雖官任，趨走如僕隸。（君所遣來負余以行者亦守备也）其隨司主近身捍衛者曰親將，皆悍勇之士。另有主文字及京省走差者，曰幹辦舍人，其餘族人概稱舍把』。

9　巴東（清）齊祖望等：康熙《巴東縣誌・卷二・兵防》記載：『嘉靖四十年，容美□□出沒長巴二縣，恣行擄掠。後一都民鄧天益奏設□□，南五百里金穀口設紅砂堡，撥遠安所千戶一□□，五十三名，與連天關官兵共相防守。』

在參考《百順橋》《新改荒路記》《情田尚記、捷音者敘》等石刻內容並結合《容美紀遊》等文獻記載可知，容美土司實行的是軍政合一的集權式管理模式，行政統治繫統同時也是軍事管理統治繫統。司主即是最高行政長官，同時也是最高軍事統帥，其下屬設立的土官分為三類：一類是文武職位不分的行政軍事官員，如安撫使司、長官使司、副長官使司、指揮使司；一類是專職的文職官員，如（土）知州、經歷司、副經歷司、吏司、幹辦舍人等；另外一類是專職的武職官員，如旗鼓、總兵、副總兵、副將、參將、遊擊、守備、旗長（都司）、千戶（總）、百戶（總）、把總等官職。其中，除中央朝廷分封歸容美土司管轄的如五峰安撫使司、石樑安撫使司、椒山安撫使司、水濜源安撫使司、瑪瑙長官司、石寶長官司、通塔坪長官司、下峒（洞）長官司和少量流官外[10]，其餘皆為容美土司自設職官，無具體品級。

職官的具體設置分為兩類。一類為有具體統管地域的職官，如『南團千戶譚天輝』『黃家村千戶黃立祖』，可知其具體職責為地方行政管轄。一類為專職的軍政官員，如『備征所千戶田豐年』等。

現主要根據石刻釋讀內容及《容美紀遊》等文獻資料對已知所有的容美土司職官進行統計。

容美土司司主

容美土司司主職官名稱複雜，既有容美土司司內稱呼，又有朝廷誥封及地方政權賜官。現列舉如下：《田九龍将軍墓誌銘》中『壯年纘宣撫戎』是容美土司第十四任司主田九龍；崇禎《奉天誥命碑》中『宣武將軍』、《田楚產夫婦石匾》中『湖廣容美宣撫使司誥封宣武將軍』是容美土司第十七任司主田楚產；崇禎《奉天誥命碑》中『湖廣容美宣撫使司宣撫使』、康熙《奉天誥命碑》中『驃騎將軍湖廣容美等處軍民宣慰使司宣慰使』系容美土司第十八任司主田玄；《都招討使少傅田鐵峯夫婦墓碑》中『榮祿大夫都招討使少傅』系容美土司第二十一任司主田甘霖（號鐵峯）。《九峯橋碑》中『湖廣容美都統司少傅左都督正一品信官』、《百順橋碑》中『容美驃騎將軍』、《情田尚記、捷音者叙石刻》中『少保兼太子太保都統承恩伯田九峯』、康熙《奉天誥命碑》中『湖廣容美等處軍民宣慰使司宣慰使』、《田楚產夫婦石匾》中『容美都統司驃騎將軍』、《都招討使少傅田鐵峯夫婦墓碑》中『容美路都統使』、《明誥封宣武將軍麻寮所巡捕千戶剛一帥夫婦墓碑》中『湖廣容美驃騎將軍』系容美土司第二十二任司主田舜年；《漂水岩漢土疆界碑》中『湖廣容美等處軍民宣慰使司宣慰使』、《劉門田氏姑母墓碑》中『宣慰使司宣慰使誥封驃騎將軍』系容美土司末代司主田旻如。

宣武將軍（從四品）

《田應辰墓誌銘》中『皇清待贈宣武將軍田公應辰』[11]。

---

10 （明）姚廣孝、夏原吉等監修：《明太祖實錄》卷94《洪武七年十一月丁亥》，『十一月二十六日，詔置容美洞宣撫司及家鄉寨五裏自崖椒山，瑪瑙等處，水盡原、通塔坪、石梁、下洞、五峯、寶寨六長官司』；（清）張廷玉等：《明史·卷四十四·志第二十》，『椒山瑪瑙長官司，五峰石寶長官司，石樑下峒長官司，水盡源通塔平長官司（四長官司，俱洪武七年十一月置，十四年廢，永樂五年復置）』；容美土司下屬的土司在歷史上處於不斷兼併與分裂中，土司職官、數量及名稱時有變化，本處以石刻上記載銘文為主。

11 目前暫未查找到田應辰的相關具體信息，推測其也為田氏土司重要人物，可能為田舜年胞兄。

安撫使司（從五品）

《百順橋碑》記載『石梁安撫司兼左营副総兵官田慶季、椒山安撫使司刘躍龍、五峯安撫使司田耀如、水濜安撫使司田圓南』[12]；《新改荒路記石刻》記載『五峯安撫使田曜如……□□□安撫使田圖南、椒山安撫使司劉躍龍』；《石梁安撫使司兼左營副總兵官田餘菴夫婦墓碑》記載『待封宣武將軍石梁安撫使司兼左營副總兵官餘菴田公』；《容美標原任親丁营副総兵官桂崇皋墓碑》記載『五峯安撫使司田曜如』[13]。

長官使司（正六品）

《百順橋碑》記載『威旗营副総兵官通塔平長官司唐遇隆、金厢木梳平長官司鄧高恒、瑪瑙砦龍長官司刘守柏、石宝深溪長官司張六謙、南裡長官向登程、下洞平茶長官司唐公介、蒲龍長官鄭希高、鑾紅洞長官史希純、大龍平長官鄭楚珍、茶寮長官黄子賢、支洞長官鄭楚文、桃符口長官向宗選、馬嶺頭長官向金甲、大里長官黄大孝、龍宮長官田弘基』；《新改荒路記石刻》記載『□龍長官□□林、南里長官向登程、桃符口長官向宗選、深溪長官張六謙』。

副長官司

《百順橋碑》記載『連天副長官覃希皇』。

指揮使司

《百順橋碑》記載『長茅関指揮使司覃顯喆、砦龍指揮司刘方品』；《新改荒路記石刻》記載『南團指揮司譚天輝』。

鎮防屏山寨官

《鎮防屏山寨官向遇春夫婦墓碑》記載『世襲鎮防屏山寨官向公諱遇春』。

文官繫統有（土）知州、經歷司、副經歷司、吏司、內府總管、幹辦舍人等官職。

（土）知州

《百順橋碑》記載『芙蓉州土知州向大成、大里土知州李安正、龍家垻知州龍遇雲』；《新改荒路記石刻》記載『芙蓉土知州田燦如、大理州知州黄正安、□□□知州覃□□』；《鎮防屏山寨官向遇春夫婦墓碑》記載『原任火器營副將更授芙蓉知州兼管帥府內外地方孫男向日旭』；《容美爵府前鋒營副總兵官向文憲墓碑》記載『原任火器營副將更授芙蓉知州管理帥府內外地方事務向日旭』；《待贈芙蓉土知州兼管中營旗鼓事向日芳墓碑》記載『待贈芙蓉土知州兼管中營旗鼓事　清故顯考向日芳』。

經歷司

《百順橋碑》記載『貼堂經歷司向日基、巡邏經歷司□孫田家鼎、經歷堂經歷向國印』；《鎮防屏山寨官向遇春夫婦墓碑》記載『原任前营副揔

12　據《鶴峰州誌》記載石梁安撫司、椒山安撫使司、五峰安撫使司、水濜安撫使司原為長官司，在明崇禎十三年（公元1640）。因征討張獻忠升為安撫使。

13　五峰安撫使原為張氏世襲，水濜安撫使、石梁安撫使原為唐氏世襲，後被容美土司吞併。（清）郭敦祐等：光緒版《長樂縣誌·卷四·沿革志》，記載『張彤詔襲安撫使司。康熙甲寅年（康熙十三年，公元1674）容美土司田舜年利其世爵，舉兵擄之，並其子宏道，其叔祖嗣謙與叔彤廷，及百姓人等入於伊司。同水濜唐繼勛、石梁唐公廉共滅之，將嗣謙與彤廷禁錮於彭家灣，後事容美又擄其外祖劉思遠，與水濜唐世隆亦禁於彭家灣』。

兵官管大旗鼓事復任貼堂經歷司經歷掌平茶下洞長官印務管理爵府內外大小事務兼管南旗下軍務孫男向日芳』；《容美軍民府標下授劄經歷覃光極墓碑》記載『容美軍民府標下授劄經歷覃光極』；《鎮防屏山寨官向遇春夫婦墓碑》記載『原任前營副捴兵官管大旗鼓事復任貼堂經歷司經歷掌平茶下洞長官印務管理爵府內外大小事務兼管南旗下軍務孫男向日芳』；《容美爵府前鋒營副總兵官向文憲墓碑》記載『原任前營副捴兵官管大旗鼓事復任貼堂經歷司經歷掌平茶下洞長官印務管理爵府內外大小事兼管南旗下軍務向日芳』。

副經歷司

《百順橋碑》及《新改荒路記石刻》記載『百益副經歷覃顯勳』。

吏司

《百順橋碑》記載『吏司唐鎮藩』。

内府總管

《覃母楊氏老太君墓碑》記載『恩授内府總管孝男仁壽』。

幹辦舍人

《容美紀遊》記載『另有主文字及京省走差者，曰幹辦舍人』。

武官繫統有旗鼓、總兵、副總兵、副將、參將、遊擊、守備、旗長（都司）、千戶（総）、百戶（総）、把總官職。

旗鼓

《百順橋碑》記載『中營旗鼓黄㒷仁』；《鎮防屏山寨官向遇春夫婦墓碑》記載『原任前營副捴兵官管大旗鼓事復任貼堂經歷司經歷掌平茶下洞長官印務管理爵府内外大小事務兼管南旗下軍務孫男向日芳』；《容美爵府前鋒營副總兵官向文憲墓碑》記載『原任前營副捴兵官管大旗鼓事復任貼堂經歷司經歷掌平茶下洞長官印務管理爵府内外大小事兼管南旗下軍務向日芳』；《待贈芙蓉土知州兼管中營旗鼓事向日芳墓碑》記載『待贈芙蓉土知州兼管中營旗鼓事　清故顯考向日芳』；《新改荒路記石刻》記載『中營旗鼓田□如』。

總兵

《九峯橋碑》記載『應襲管中營總兵官田丙如』；《容美爵府前鋒營副總兵官向文憲墓碑》記載『應襲中營捴兵官田光南』。

副總兵

《九峯橋碑》記載『中軍副總兵官管東旗事弟田慶年』；《百順橋碑》記載『應襲管中營副總兵官田昞如、石梁安撫司兼左營副総兵官田慶秊、中軍後營副総兵官田克敦、右營副総兵官田遂如、前營副総兵官田登秊、威旗營副総兵官通塔平長官司唐遇隆、前行營署副総兵事掌備征百户印向文憲』；《新改荒路記石刻》記載『左營副總兵田慶秊、武陵應襲管中營副總兵官田昞如、標營副總兵田暢如、丁營副總兵田克敦、前營副總兵田登秊、右營副總兵田遂如』；《都招討使少傅田鐵峯夫婦墓碑》記載『爵標□襲左營副總兵次男慶年』；《鎮防屏山寨官向遇春夫婦墓碑》記載『爵府前鋒营副揔兵官掌偹征所千户印知内外各营事向文憲、原任前营副揔兵官管大旗鼓事復任貼堂經歷司經歷掌平茶下洞長官印務管理爵府内外大小事務兼管南旗下軍務孫男向日芳』；《容美爵府前鋒營副總兵官向文憲墓碑》記載『原任前营副揔兵官管大旗鼓事復任貼堂經歷司經歷掌平茶下洞長官印務管理爵府内外大小事兼管南旗下軍務向日芳、容美爵府前鋒营副總兵官掌偹征千户印知各营事務待贈武畧公諱文憲向公』；《容美標前营副総兵官田克敦墓碑》記載『容標前营副総兵官田公克敦』；《石梁安撫使司兼左營副總兵官田餘菴夫婦墓碑》記載『待封宣武将軍石梁安撫使司兼左營副總兵官餘菴田公』；《容美標原任親丁营副総兵官桂崇皋墓碑》記載『容美標原任親丁营副総兵官桂公諱崇皋號民治府君』。

副將

《百順橋碑》記載『新龍副將柳旺隆、内中营副將王緒、内左营副將桂崇皋、内右营副將田絳季、客星营副將洪國正、内前营副將董正芳、内後營副將唐世家、標營副將向邦峻』；《新改荒路記石刻》記載『□□□副將田□如、前鋒營副將唐世家、火器營副將李如□、内中營副將王緒、内左營副將桂崇高、内右營副將田絳季、内中營副將劉民安、内前營副將董正方、内後營副將唐世隆』；《鎮防屏山寨官向遇春夫婦墓碑》記載『原任火器营副將更授芙蓉知州兼管帥府内外地方孫男向日旭』；《容美爵府前鋒營副總兵官向文憲墓碑》記載『原任火器营副將更授芙蓉知州管理帥府内外地方事務向日旭』；《容美標前營副総兵官田克敦墓碑》記載『爵標内後营副将管南旗事孫燦如』；《待贈内中營副將劉民安夫婦墓碑》記載『待贈内中營副將劉民安』。

參將

《百順橋碑》記載『長灘參將軍覃甫臣、尹家村參將尹仲捷、田下口參將鄭家正、五花寨參將向繼霆』；《新改荒路記石刻》記載『尹家村參將尹仲捷』。

遊擊

《百順橋碑》記載『領纛遊擊刘民安』。

守偹

《容美紀遊》記載『萬全洞管洞人尚守偹』；《鎮防屏山寨官向遇春夫婦墓碑》記載『親將營領陣守偹向文勝、親將營領旗守偹向日倫』；《容美爵府前鋒營副總兵官向文憲墓碑》記載『親將營领旗守偹向日倫』。

旗長（都司）

《容美紀遊》記載『栗子坪唐旗長，王、宋二旗長』；《九峯橋碑》記載『旗長汪尚倫』；《百順橋碑》記載『小虎旗覃應奉、勳旗向日旦』；《新改荒路記石刻》記載『勳旗向日旦、城旗□□選、南旗田□如、□旗向逵、□旗田□霖、忠旗田雲霖、宣旗田吉、右旗張之貴、宗旗李逢壽、翼旗王在德、常旗□□、定旗唐鎮藩、星旗田芳霖、光旗田春季、恩旗汪尚倫、威旗唐世□、振旗田化方、建旗田勳霖、揚旗劉正用、匡旗李逢春、德旗田制祿、鳳旗田晉霖、□旗王應□、敬旗向安□、左旗向輔世、麾旗田祖武、勝旗董大如、寧旗羅應文、巺旗向甲第、功旗田□季、昌旗田□□、小龍旗田□、小虎旗□應風、小彪旗向日旭、小□旗□□□、□旗唐世□、□旗王性□、高旗王性敏、衛旗田培德』；《轅門保旗旗長杜將墓碑》

記載『轅門保旗旗長杜將』；《鎮防屏山寨官向遇春夫婦墓碑》記載『環山旗旗長向文榮、勲旗旗長向日旦、轅門領旗旗長向應隆、雲旗旗長向應時、提調親隨旌旗旗長向應勳、小虎旗長向應烈、斯旗旗長向應舉』；《容美爵府前鋒營副總兵官向文憲墓碑》記載『勲旗旗長管理南府事務向日旦、雲旗旗長向應時、斯旗旗長向應舉、提調親隨旌旗旗長向應勳、小彪旗旗長向應烈、領旗旗長向應隆』；《容美標前營副総兵官田克敦墓碑》記載『爵標内後副将管南旗事孫燦如』；《待贈内中營副將劉民安夫婦墓碑》記載『將軍府下小維旗長男劉芳、將軍府下内前营都司孝次男劉昌』；田海壽墓，墓誌有『曾祖壽年，為容美藍旗長』記載。

千戶（揔）

《容美紀遊》記載『覃千總』；《九峯橋碑》記載『東旗下千總胡大壽』；《百順橋碑》記載『長陽千户黄文光、偹征所千户田豐秊、南團千户譚天輝、黄家村千户黄立祖』；《新改荒路記石刻》記載『□□所千户田□□、長陽隨征千總黄文光、千總田三元、千總金帛』；《鎮防屏山寨官向遇春夫婦墓碑》記載『爵府前鋒营副揔兵官掌偹征所千户印知内外各营事向文憲、門子千揔向日祖、千揔向應臣』；《容美爵府前鋒营副總兵官向文憲墓碑》記載『門子千揔向日祖、千揔向應臣』。

百戶（総）

《容美紀遊》記載『彭百戶、尚百戶』；《百順橋碑》記載『前行营署副総兵事掌偹征百户印向文憲、支祐平百戶譚播楚』；《容美宣慰司標下偹征百户所掌印百户田燦如夫婦墓碑》記載『原任容美宣慰司標下偹征百户所掌印百户顯考田公燦如』。

把總

《容美紀遊》記載『向把總』；《新改荒路記石刻》記載『把總田宏元』。

2 組織單位

顧彩在《容美紀遊》中記載『民皆兵也，戰則自持糧糗，無事則輪番赴司聽役。每季役止一旬，亦自持糧，不給工食。在役者免出戰，故人人使之』。說明容美土司實行的是兵農合一的軍事體制，同滿清的『八旗』組織形式類似。根據刻銘資料獲知，其最大單位為營，營下為旗，旗下有守偹、千戶、百戶等編制，百戶以下的編制名稱目前暫不詳。其中，營最高長官為副總兵（安撫司、長官司兼任），下設副將、參將、遊擊等官職；旗設旗長，下轄守偹、千戶、百戶。各級行政單位具體人員定額，尚無法確定。推測以區域内統治人口數量為基礎，因事增置，因人增加。

容美土司直屬和管轄的安撫司及長官司，因資料缺乏暫未對其組織單位進行統計和分類。同時，對於『知州』屬於哪一級行政單位官員目前尚未發現直接憑據，但根據《鎮防屏山寨官向遇春夫婦墓碑》記載『原任火器營副將更授芙蓉知州兼管帥府内外地方孫男向日旭』，其應介於營與旗之間的文官，然而《百順橋碑》中『大里土知州李安正』『龍家垻知州龍遇雲』；《新改荒路記石刻》中『芙蓉土知州田燦如』『大理州知州黄正安』等暫不能確認，可能部分為獨立的行政組織單位。

目前可基本恢復容美土司長官司和安撫司記直屬的『營』『旗』一級組織單位名稱，知州、守偹、千戶（総）、百戶（総）級別組織單位目前僅能部分查找。

營：據《容美紀遊》《九峯橋碑》《百順橋碑》《新改荒路記石刻》《鎮防屏山寨官向遇春夫婦墓碑》《容美爵府前鋒营副總兵官向文憲墓碑》《待贈芙蓉土知州兼管中营旗鼓事向日芳墓碑》《容美標前营副総兵官田克敦墓碑》《待贈内中營副將劉民安夫婦墓碑》《石梁安撫使司兼左營副總兵官田餘菴夫婦墓碑》《容美標原任親丁营副総兵官桂崇皋墓碑》記載，目前共計發現有十九營。

《九峯橋碑》有中營一營。

《百順橋碑》有中營、左營、後營、右營、前營、前行營、内中營、内左營、内右營、内前營、内後營、客星營、標營十三營。

《新改荒路記石刻》有左營、中營、標營、丁營、前營、右營、前鋒營、内中營、内左營、内右營、内前營、内後營、火器營十三營。

《鎮防屏山寨官向遇春夫婦墓碑》有親將營、前鋒營、火器營、前營四營。

《容美爵府前鋒营副總兵官向文憲墓碑》有中營、親將營、火器營、前營、前鋒營五營。

《容美標前营副総兵官田克敦墓碑》有標前營一營。

《待贈芙蓉土知州兼管中营旗鼓事向日芳墓碑》有中營一營。

《待贈内中營副將劉民安夫婦墓碑》有内中營一營。

《石梁安撫使司兼左營副總兵官田餘菴夫婦墓碑》有左營一營。

《容美標原任親丁营副総兵官桂崇皋墓碑》有親丁營一營。

去掉重複共計有十九營，分別是：中營、左營、右營、前營、後營、内中營、内左營、内右營、内前營、内後營、標營、丁營、客星營、火器營、親將營、前鋒營、前行營、標前營、親丁營。

旗：據《容美紀遊》記載共有四十八旗但無旗名，而具體的旗名根據《九峯橋碑》《百順橋碑》《新改荒路記石刻》《轅門保旗旗長杜將墓碑》《鎮防屏山寨官向遇春夫婦墓碑》《容美爵府前鋒营副總兵官向文憲墓碑》《容美標前营副総兵官田克敦墓碑》《待贈内中營副將劉民安夫婦墓碑》等石刻的記載，目前核對共發現有四十五個旗。

《九峯橋碑》有東旗一旗。

《百順橋碑》有小虎旗、動旗兩旗。

《新改荒路記石刻》有三十七旗，其中有四旗模糊不可辨，可識別的三十三旗為：動旗、城旗、南旗、忠旗、宣旗、右旗、宗旗、翼旗、常旗、定旗、星旗、光旗、恩旗、威旗、振旗、建旗、揚旗、匡旗、德旗、鳳旗、敬旗、左旗、麾旗、勝旗、寧旗、奌旗、功旗、昌旗、小龍旗、小虎旗、小彪旗、高旗、衛旗。

《轅門保旗旗長杜將墓碑》有轅門保旗一旗。

《鎮防屏山寨官向遇春夫婦墓碑》有環山旗、動旗、大旗、南旗、轅門領旗、雲旗、提調親隨旌旗、小虎旗、斯旗、親將營領旗十旗。

《容美爵府前鋒營副総兵官向文憲墓碑》有動旗、親將營領旗、大旗、南旗、雲旗、斯旗、提調親隨旌旗、小彪旗、領旗九旗。

《容美標前营副総兵官田克敦墓碑》有南旗一旗。

《待贈内中營副將劉民安夫婦墓碑》有小維旗一旗。

去掉重複和不可識別的，共有四十五個完整旗名。分別是：東旗、小龍旗、小虎旗、勳旗、大旗、城旗、南旗、忠旗、宣旗、右旗、宗旗、翼旗、常旗、定旗、星旗、光旗、恩旗、威旗、振旗、建旗、揚旗、匡旗、德旗、鳳旗、敬旗、左旗、麾旗、勝旗、寧旗、奡旗、功旗、昌旗、小彪旗、高旗、衛旗、雲旗、提調親隨旌旗、環山旗、斯旗、轅門領旗、親將營領旗、領旗、轅門保旗、小維旗、南旗。

守備：目前共發現有四處，一處重復，共計有三處。

《容美紀遊》有『萬全洞管洞人尚守備』。

《鎮防屏山寨官向遇春夫婦墓碑》有親將营領陣守備、親將营領旗守備。

《容美爵府前鋒营副總兵官向文憲墓碑》有親將营領旗守備。

去掉重複的守備後，分別是：萬全洞守備、親將营領陣守備、親將营領旗守備。

千户（總）：根據《容美紀遊》以及《九峯橋碑》《百順橋碑》《新改荒路記》《鎮防屏山寨官向遇春夫婦墓碑》《容美爵府前鋒营副總兵官向文憲墓碑》等石刻上的記載，目前核對共發現有八處千戶。

《容美紀游》有覃千總。

《九峯橋碑》有東旗下千總。

《百順橋碑》有長陽千户、偹征所千户、南團千户、黄家村千户。

《新改荒路記石刻》有長陽隨征千總、千總田三元、千總金帛。

《鎮防屏山寨官向遇春夫婦墓碑》有爵府前鋒营副揔兵官掌偹征所千户印、門子千揔、千揔向應臣。

《容美爵府前鋒营副總兵官向文憲墓碑》有門子千揔、容美爵府前鋒营副總兵官掌偹征千户印、千揔向應臣。

去掉重複的千戶（總）後，分別是：東旗下千總、長陽千户、偹征所千户、南團千户、黄家村千户、長陽隨征千總、門子千揔、爵府前鋒营副揔兵官掌偹征千户八處千戶（總）職官。另外覃千總、千揔向應臣、千揔田三元、千總金帛四名千總前官職名稱不詳。

百戶：根據《容美紀遊》《九峯橋碑》《百順橋碑》《容美宣慰司標下偹征百户所掌印百户田燦如夫婦墓碑》等石刻上的記載，目前核對共發現有五處百戶，其中三處有明確職官。

《容美紀遊》有彭百戶、尚百戶。

《百順橋碑》有前行营署副総兵事掌偹征百户印、支柘平百戶。

《容美宣慰司標下偹征百户所掌印百户田燦如夫婦墓碑》有偹征百户所掌印百户。

百戶官職有三處明確的職官分別是：前行营署副総兵事掌偹征百戶、支柘平百戶、偹征百户所掌印百户，彭百戶以及尚百戶具體職官名稱不詳。

容美土司職官設置的資料來源，以清初康熙年間至雍正年間的石刻刻銘內容為主，兼以參考《容美紀遊》為輔。以土司田舜年、田昞如、田旻如統治土司時期為主的職官設置。這一時期，職官名稱未發生變化，但各級官吏在不同時期的職務是發生變化的。如在《容美宣慰司標下偹征百户所掌印百户田燦如夫婦墓碑》記載田燦如官職為『容美宣慰司標下偹征百户所掌印百户』，而在《容美標前營副総兵官田克敦墓碑》內記載『爵標內後營副将管南旗事孫燦如』，田燦如升為南旗旗長；在《百順橋碑》記載劉民安官職為『領纛遊擊刘民安』，在《待贈內中營副將劉民安夫婦墓碑》記載『待贈內中營副將劉民安』，劉民安即將升為內中營副將。這些碑文記載的官職名稱的變化，說明容美土司的職官並非完全是由子孫承襲，在一定程度上也可因功、因才能而升遷。

（三）容美土司的營建

通過考古調查和文獻資料梳理發現，容美土司在境內修建了中府、南府、西平府、北府、爵府五處府署，並在五府府署周邊修建大量的民居、洞府、廟觀、樓宇、道路、橋樑等附屬建築。容美土司五處府署及附屬建築，目前除少數道路與橋樑尚保存完好外，多數已廢棄成為遺址，或被疊壓於現代建築之下。然容美土司司主田氏自第十一任司主田世爵起，喜讀詩書，並愛作文。至第二十二任土司田舜年對語言文字運用熟練，對境內各地的營建，喜用刻銘的方式錄於營建的石碑及岩石上，刻銘詳細記載了營建的建築本身的名稱、營建原因、過程、年代及主要負責營建的官員姓名等相關信息，在結合考古調查及歷史文獻可對容美土司五處府署及部分建築的營建信息進行展開及探討。

1 具體營建

本文僅列出有明確信息的府署橋樑洞府等建築營建年代和營建者，對府署等建築營建的具體位置、建築形制和建築佈局等相關信息詳見《容美土司遺址》。

中府：據《平山萬全洞記》碑刻記載為清順治時期容美土司田霈霖與田既霖所建，時名『東関古城』，後由田霈霖、田既霖至田舜年修建，初名『東関新城』。

北府：據《長樂縣誌・卷四・沿革誌》記載為清順治時期容美土司田霈霖在水濜安撫使司唐鎮邦的幫助下營建。

南府：據同治七年秋本《唐氏族譜・卷一・宗圖功績》記載為元至正二十四年（公元 1364）麻寮土司唐湧營建，後約在元末明初被容美土司攻佔。

爵府：據道光《鶴峰州誌・卷十三・藝文誌》中《平山萬全洞碑記》記載為土司田楚產約在明萬歷至天啟年間營建。

九峯橋：據《九峯橋碑》記載為清康熙二十五年（公元 1686）容美土司田舜年修建。

百順橋：據《百順橋碑》記載為清康熙二十九年（公元 1690）容美土司田舜年所建。

天然橋：據《天然橋碑》記載為清康熙五十四年（公元 1715）容美土司田旻如所建。

萬全洞：據道光《鶴峰州誌》及《萬全洞記碑》記載，為容美土司田舜年於康熙二十一年（公元 1682）至康熙二十五年（公元 1686）營建。

萬人洞：據《萬人洞記》記載為清康熙三十七年（公元 1698）容美土司田舜年重新營建。

情田崗：據《情田崗記、捷音者敘石刻》記載為清康熙十九年（公元 1680）容美土司田舜年營建。

鶴峰至五峰道路：據《新改荒路記石刻》和《百順橋碑》記載，為容美土司田舜年自清康熙二十九年（公元 1690）至康熙三十二年（公元 1693）營建。

保善樓：據《保善樓記石刻》記載為清雍正二年（公元 1724）容美土司田旻如營建。

從這些府署橋樑等建築營建的年代來看，最早為明末清初容美土司司主田楚產、田玄等營建，但主要由清康熙至雍正年間容美土司司主田舜年和田旻如營建。明初至萬歷年間所營建的建築，未曾有具體證據，目前，僅能根據考古調查、清理工作初步推測西平府為萬歷年間以前的重要府署。

萬曆年間以前營建的建築未曾發現，推測一方面是因為第二十二任土司田舜年在位期間，對前代土司所營建的宮殿、寺廟、洞府進行大規模的擴建和重修，立石刻作記，雖記載前代修建，然改建、擴建的行為，使其已不知其具體年代及建築佈局。如《萬人洞記》碑記載『自餘承緒，首來閱視。見其頹城，拳石兒戲。別圖營構，另載厥記』。

另一方面，由於對容美土司明萬曆年間以前的活動範圍和治所尚未明確，只能根據容美土司元代起源地和現有發現的活動範圍推測，明永樂至萬曆年間，大體活動於今鶴峰縣中營鎮、下坪鄉、鄔陽鄉這一帶，但這一帶地區由於二十一世紀初清江水布埡水庫和芭蕉河水庫的修建，水位抬升後地形地貌改變較大，部分營建建築或因沉於水下而有所遺漏。

2　信息研究

在綜合大量石刻文字內容進行分析後，也發現許多重要的信息。這些信息，為考古調查工作提供了重要依據，而考古工作又利用這些信息尋找新的石刻和依據，對容美土司營建的建築年代予以確定，甚至將部分隱藏的歷史信息予以重現。

如考古調查依據《情田崗記、捷音者敘石刻》中《情田崗記》記載的『曰南府北府，曰西平天泉，其間□仙宮佛寺』，找到了西平府遺址，並根據『此與予北府之二西洞相敵，而險要過之』而予以現命名為『藏軍洞』的北府『二西洞』正名。

如田舜年所書的《平山萬全洞記》[14]記載：**『平山，容陽緣一大保障也。昔文相國庵寓此有年……』，創自先曾祖郢陽公。今東關古城，是其經始遺堞，先祖**太初公造廳事數楹於橋之東偏。至大伯父雙雲公，時值闖、獻肆訌，不信文相國之謀，以致**張惶遠避。及至事後，**始痛□定思痛，**而大修其城，即今東關之新城也。雙雲公即世，二伯父夏雲公**僅遵成事，迨先少傅公始稍**修理之。自夏雲伯與先少傅兩任間，流賊竄擾，歲歲用兵，皆以天泉為根本。蓋天泉小，**土軍各自耕種，招致為□□稍**需為城，至餘始克，壯其猷□□以天泉**為肯構，以九峰為司治，載之□□□□建瓴而下，眾議始定厥居，又□□住天泉，往來道中……』據碑文內容可知，平山爵府和東關古城為郢陽公（田楚產，容美土司第十七任土司）所建，太初公

14　此處引用（清）吉鍾穎等：道光版《鶴峰州誌・卷十三・藝文誌》中《平山萬全洞碑記》及《平山萬全洞記》原碑拓片碑文，兩處記載略有不同，其中加粗者為州誌文字內容。

（田玄，容美土司第十八任土司，田楚產長子）在東關古城橋東偏繼續營建，後第十九任土司田霈霖（號雙雲）、因農民軍李過、劉體純入侵，被贖回後，與土司田既霖（字夏雲）、田甘霖（號鐵峰）相繼在東關修建新城。同時，因戰亂，時常在天泉山躲避，直至田舜年時期在東關新城九峰修建官署，仍不時往返天泉山。據《容美紀遊》記載：『中府為宣慰司治城……，宣慰司署在芙蓉山之南麓，其前列八峰，左峰則右倚，右峰則左倚，軒然如鳳凰曬翅形勢，朝拱司署。』可知八峰所在的芙蓉山南麓，正為九峰，宣慰司治所在的東關新城即為現在容美土司中府。

東關古城，目前尚未發現有明確文獻和石刻記載，但在乾隆三十四年（公元 1769）《細柳城官堰記碑》提及『苦竹故垻，細柳新名。因二主建立城池，挑提此堰以配風水，相傳一十九代土司，以前無論耳……』可知，曾有兩位土司在此建城，而位於細柳城西南約一千米的官墳園墓地，《百順橋碑》碑裡稱其為『祖塋』，墓地內有對容美土司司主田楚產和田玄進行封賞的兩塊『奉天誥命』碑。其中，田楚產和田玄正是營建東關古城的土司司主，加之細柳城僅距東關新城（容美土司中府）約三千米，因此，懷疑細柳城，即為東關古城。但因其疊壓有現代村莊，考古調查和勘探雖發現大量建築基址和灰磚瓦片等廢棄建築構件，卻仍無明確證據可證明其為東關古城。因此，僅作一說，期望為相關專家和學者深入研究做鋪墊。

（四）容美土司的墓葬

本書內收錄大量容美土司的墓葬碑刻和墓誌銘，根據墓主身份，墓葬目前可分為兩類，一類為與容美土司歷代司主有關的墓碑和墓誌銘，一類為美土司下屬職官的墓葬碑刻和墓誌銘。

1　土司司主墓葬

有關田氏土司司主的墓葬，結合考古調查、石刻內容及相關文獻資料，目前共確認分佈在兩處墓地內。一處係明天啟年間至清順治末年使用的官墳園土司墓地，一處係清康熙初年至雍正年間新建的東陽灣墓地。這兩處墓地皆被現代村莊疊壓。

官墳園墓地的使用年代應從明天啟年間郢陽公（第十七任土司田楚產）營建細柳城（東關古城）開始使用，至清初順治十四年（公元 1657）後逐漸廢棄至東陽灣墓地使用後，徹底廢棄。園內葬有第十七任土司田楚產、第十八任土司田玄等。

官墳園墓地內發現有兩塊『奉天誥命』碑，分別為明崇禎二年（公元 1629）[15] 與清康熙二十三年（公元 1684）[16]，對容美土司司主田楚產和田玄的讚譽。皆因容美土司對朝廷做出重要貢獻，朝廷對其頒佈誥命進行褒獎，容美田氏後人將誥命內容刻寫到石碑上立於先祖墳園前，以向世間詔示。然而官墳園在清初遭到農民起義軍劉體純 [17] 的搶掠而廢棄，清康熙二十九年（公元 1690），田舜年在《百順橋碑》碑文裡記載『三月初十始回平山，而九峯橋祖塋之華表舊因壞久□而成矣』也說此處作為祖塋已廢棄多年。

15　詳見（清）吉鐘穎等：道光《鶴峰州誌·卷一·沿革誌》，土司田楚產對奢安之亂進行進剿，而獲得崇禎皇帝的封賞。

16　詳見（清）李煥春：光緒《長樂縣誌·卷之十四·藝文誌·奏疏·披陳忠赤疏》，土司田舜年見吳周兵敗，起兵在澧縣攻打吳周軍。

17　（清）齊祖望等：康熙《巴東縣誌·卷之三·事誌》：『體純、天保遣其將劉應昌等四人，將銳卒二千渡江（過清江），晝伏夜行，不四日抵容美，擄田甘霖及其妻子以歸，遂盡逐江南民北渡，時順治十四年正月也。容美以金銀數萬贖甘霖，乃復遣還。』

東陽灣墓地，則是在田氏土司廢棄官墳園墓地後新建的墓地，這塊墓地應作為新的中府（九峰）城市附屬設施，由第十九任土司田霈霖開始營造，經土司田既霖、田甘霖至第二十二任土司司主田舜年不斷營建，終於末代土司田旻如時期。

墓地內有土司司主田甘霖（號鐵峰）和田舜年的墓葬。但兩墓皆被毀，墓地上方被現代建築所疊壓。現僅存《都招討使少傅田鐵峯夫婦墓碑》的墓碑和田舜年墓前石人、石獅[18]，存於鶴峰縣博物館。其中，田舜年為其父所書寫碑文內記載『清故王考妣誥封一品夫人覃氏、榮祿大夫都招討使少傅田鐵峰……，旹周叁年歲次丙辰季春月，孝男容美路都統使舜年率襲孫昞如、爵標□襲左營副總兵次男慶年，立』，結尾落款為周三年即吳周政權洪化三年（清康熙十九年，公元 1680）的年號，可見容美土司隨著吳周政權初期的軍事勝利已經公開投靠。但這種投靠也隨著後來清軍的節節勝利而愈不可靠，就在一年後（清康熙二十年，公元 1681），容美土司即一邊派兵攻打澧州的吳周軍，一邊向康熙皇帝上奏『一聞大兵南渡，即遣長子管總兵事都督僉事臣田炳如，胞弟管中軍副總兵戎旗營事臣田慶年，同心戮力，統兵殺賊。臣親率文武部落四十餘處，剿殺防禦。及王師臨澧州，臣即將吳逆給臣偽「都統承恩伯」銀印一顆，偽諭一道，繳送軍前，非覲望後至者可比』[19]。

明天啟以前的土司司主墓地目前尚未發現，但據在現今鶴峰縣中營鎮附近出土的田九齡墓碑及考古調查判斷，結合官墳園墓地在細柳城（東關古城）附近，東陽灣墓地在容美土司中府（東關新城）附近，推斷明永樂五年（公元 1407）後至明天啟年間，容美土司司主家族墓地在鶴峰縣中營鎮，即原容美土司西平府附近。更早的墓地則在容米洞附近，但具體位置尚不清楚。

2　土司下屬職官墓葬

土司下屬職官的墓葬，除向遇春、向文憲、向日芳向氏家族墓地集中分佈在屏山爵府遺址片區外，其餘墓葬多無規律的零散分佈在鄉野內。部分墓葬已被毀，僅存的墓碑和墓誌銘或遺落鄉野或收存在博物館。

墓葬修建形式多為背山而建，地表為圓丘形封土，封土外邊側用石塊或條做石圍封閉。墓前立碑，碑前有扇形拜台。

根據墓主姓名，可知土司下屬職官的姓名，有容美土司本姓田氏，有張、桂、向、劉、覃、唐、鄧、王、汪、柳、鄭、龍、黃、史、羅、洪、董、譚、胡、李、尹、金等二十多個姓氏。部分外來官員如劉民安，開始為外來客軍領纛遊擊，後因功升待贈內中營副將。部分將領則為世襲，如向氏家族自清雍正四年（公元 1726）至乾隆七年（公元 1742），向遇春、向文憲、向日芳三代人都為容美土司的重要職官，另有子孫多人任不同旗長、百戶等低級職官。這些都是我們今天瞭解與研究容美土司職官人員構成的重要材料。

墓葬碑刻和墓誌銘內容與意義多在前文內有所詳述，在此不再贅述。

18　鐘以耕等：《鶴峰縣民族誌・第八章民族文物古跡・第二節民族歷史遺址、遺迹》，國際文化出版公司，2001 年。載有『土司司主田舜年墓，當年曾氣勢恢宏，主墓碑前矗立有四砫三門的巨石碑樓，奉天誥命龜碑，臺階兩旁石人石馬石獅，中間為拜台。此墓於 1932 年被國民黨周清部搗毀，1956 年、1963 年該墓兩次被人盜挖，出土有少量金銀首飾、鐵劍、銅甲等，「文革」中，殘存的石人石馬及牌樓石砫、墓葬，均遭毀壞』。

19　（清）李煥春：光緒《長樂縣誌・卷十四・藝文誌・奏疏・披陳忠赤疏》。

四、結語

容美土司石刻銘以兩任容美土司司主田舜年和田旻如書寫最多，其文章體裁多樣，既有短小精悍的駢文，也有長篇宏論的雜文和記敘文章。尤其是田舜年的文章旁徵博引、文辭古雅、行文舒展、氣勢磅礴，經典文章如《情田崗記、捷音者敘石刻》《新改荒路記石刻》等具有較高的文學與史料價值。除此之外，土司親屬及中低級官員的墓誌銘，雖內容短小，但語言流暢、條理清晰、中心內容突出，也顯示出一定的文學造詣。

在明末清初，土家族區域建立的容美土司，雖然仍保持著『蠻不出境、漢不入峒』的漢土分離政策，但在文化方面，尤其對漢語言文字的熟練運用上，還是有著深厚的文化底蘊和群眾基礎，這種底蘊和基礎只有歷經一個長久的漢學教育過程，才能達到。

漢學教育的發展，應與儒學的引進有關，這一方面與明孝宗弘治十六年（公元 1503）規定的『以後土官應襲子弟，悉命入學，漸染風華，以格頑冥。如不入學者，不准承襲』[20]的強制學習漢（儒）學有關；另一方面也與容美土司內第十任土司百里俾弒兄殺父後[21]，繼任的第十一任土司田世爵吸取經驗教訓，認為亂賊之禍，始於大義不明，要消除內亂，必須知書識禮有關。開始主動大興漢（儒）學，聘請漢族名士進司任教，全面接受漢化儒家教育，開創了容美土司『詩禮傳家』的家風，形成一個顯赫的田氏家族詩人群，創作出大量的優美詩歌文集，並收錄在《田氏一家言》內；國家律法對漢（儒）學的導向，土司司主對漢（儒）學的喜愛，加上先進文化向落後文化傳導的必然性，使容美土司境內的漢（儒）學教育得到全面推廣。

正是漢（儒）學教育促進人才的大批湧現，加上儒家忠君效國思想的深入人心，又逢明末清初時局的混亂，促成了清初在土司司主田舜年領導下的容美土司全盛時期。田舜年為鞏固田氏統治，總結前人經驗、教訓，又為彰顯自己的文采武功，以圖流芳百世，彪悍千古。一方面，將自己的思想、詩歌編寫成《廿一史纂》《容陽世述錄》《許田射獵傳奇》《白鹿堂詩集》[22]等文史詩集，一方面又採用刻銘方式將自己的軍功、營建、榮耀等信息琢於磐石上，留下了大量的記載了土司時期社會形態、經濟文化、政治軍事、地理疆域、營建構造的豐富文字信息。

而『改土歸流』來臨之際，容美土司境內民眾和中低級官員能夠審時度勢，從內部瓦解土司田氏的統治，促成了近乎和平的轉變方式，避免了對容美土司轄區內重大戰爭破壞，使這批刻銘資料多數能夠保留下來，為今日考古學、文學、歷史學、民族學等學科深入研究容美土司提供了完整的歷史素材。同時，這批石刻作為容美土司的歷史文化遺產，隨著社會的發展和進步，也越來越受到珍視，與鄂西南境內秀美山川交相輝映，必將成為土家族乃至全中國的寶貴文化遺產。

20（清）張廷玉等：《明史・卷三百十・列傳第一百九十八・湖廣土司》，中華書局，1974年。
21（清）張廷玉等：《明史・卷三百十・列傳第一百九十八・湖廣土司》，中華書局，1974年。
22（清）嚴首昇：《田氏族譜・卷三・田氏世家》，載『而舜所作之白鹿堂詩集，與世述錄、廿一史纂、許田射獵傳奇等書，更多湮滅殆盡』，據此可知這四本書皆已遺失。

附錄　容美土司史籍彙編

康予虎[1]、鄧　娜[2]、彭洪波[3]、容　易[4]
（1 湖北省文物考古研究所　2 恩施市文物事業管理局　3 湖北大學歷史系　4 華中師範歷史系）

一、概述

容美土司元末時興起於今湖北省恩施土家族苗族自治州鶴峰縣、巴東縣、建始縣三縣交界處的容米洞，世受元、明、清三個中央王朝封襲，至清雍正十二年四月（公元1734）時奪位除國，曆經23位司主，享國427年。容美土司在明末清初時，是湘、鄂西地區五大土司之一，其地域廣闊、實力雄厚，文化繁榮，是湖北土司文化遺存及文獻史料最為豐富的土司，為方便讀者更好地閱讀容美土司系列叢書，現對容美土司史料進行收集與整理，並匯編成文。

本文以編年體的體例，按照元、明、清三朝皇帝年號的順序收錄了對容美土司記載的史籍文獻。文獻資料來源於《元史》《明史》《明實錄》《清史稿》《清實錄》等正史史料，以及不同版本的地方縣志，如《湖廣總志》《施南府志》《宜昌府志》《巴東縣志》《鶴峰州志》《來鳳縣志》《桑植縣志》《石門縣志》《恩施縣志》《續修慈利縣志》等省、州、府、縣方志，以及《國榷》《國朝獻征錄》《籌海圖編》《平播全書》等雜史。但對《容美紀遊》《田氏族譜》《田氏世家》《田氏一家言》等全書與容美土司有關的史籍信息和文學作品，因本文篇幅有限，未羅列在內。

對收錄的史籍文獻內容嚴格注明其出處，不對文獻內容真偽進行考證，但對經考證為偽作的內容不予收錄；對收錄的史籍文獻中，與中央政權皇帝年號紀年年份按對照的公曆紀年年份在皇帝年號後的『（）』內做標注。對王朝鼎革時期，以中央政權的皇帝年號為標准紀年，與土司有關的地方政權皇帝年號在中央政權皇帝年號後的『（）』內，公曆年份前做標注。對追尋到詳細日期的文獻，在文前『（）』內進行備注。對收錄的史籍文獻中，提及多個事件及不同時間節點，以首要事件發生的時間節點為標准。對皇帝年號清楚月份不詳的文獻放入皇帝當年年號末尾，對皇帝年號不詳的文獻放入皇帝年號末尾並標寫皇帝年號；對同一歷史事件有不同版本記載，選時間較早、內容記載較詳細的版本，其餘重要版本名稱在腳注內注釋。同一歷史事件有不同版本記載事件起因、經過等內容的文獻，均收錄；對涉及整個中央王朝對土司政策調整的重要法令及法規，進行收錄；對通假字、異體字直接引用，但對尚未儲存在字庫內的通假字、異體字用規範繁體漢字代替。對引起歧義的通假字、異體字，則在首次出現的通假字、異體字後的『（）』內進行注釋。對原文未斷句或原文斷句方式及使用標點符號，與現代通用斷句方式及標點符號標注方法不同，均以 2018 版國家標准《標點符號用法》為標准，進行斷句和標點標注；對明顯謬誤或缺失及省略之處，在『（ ）』內用規範簡體漢字做備注；對前人在文獻內的典校勘核，在『（ ）』內加粗做標注；對古籍原文中因模糊不清而無法識別的文字，用『□』來表示。對依據殘損的部首或上下文含義而由編者補充的文字，用『字』來表示；對中間內容過長且無關主題的篇幅，用『……』來省略。

二、史料正文

元朝（公元1271～1368）

至大元年（公元 1308）

至大元年三月，大弟什用集洗王、不鬼、散毛洞等兵，侵者等洞。既具出降，遣墨施什用、荅旻什用赴闕。五月，歸州巴東縣唐伯圭言：『十七洞之眾，惟容米洞、罔告洞、抽攔洞有壯士兵一千，餘皆不足懼也。若官軍討之，可分四道。其一，自紅鈔寨直趨容米、玩珍、昧惹、卸加、阿惹、石驢等洞；其一，從苦竹砦抵桑廚、上桑廚、抽攔洞；其一，由紹慶至孥摩、大科、陽蔓師、大翁迦洞；其一，徵又巴洞問十萬，大帝什用洞兵接應，如此可平。』[1]

至大二年（公元 1309）

至大二年，施州美容（容美）洞□麥色什侵□寨官，剽掠居民。川省擬友慶領兵□入賊巢，麥色什□險，不能控制。友慶出己資金幣十端，□二十定，傾誘歸款，從容諭以□□□威德，麥色什感泣，待罪管□□□，上憫其悔罪，授麥色什黃沙□□□成□□□□□□□□，仁者之人乎！向無憂□□民之心焉，有宏謀遠略之效，至於□已之□□威德，兵不□□，士不□□，致使頑嚚咸悔伏責，非仁人愛人之深，孰能預於此哉！[2]

上愛茶峒長官司、下愛茶峒長官司，二長官司俱元容美洞地。至大二年置懷德府，屬四川南道宣慰司。至順二年正月升宣撫司。至正中，升軍民宣慰司。太祖甲辰年六月改軍民宣撫司，後廢。宣德三年五月改置。[3]

至大三年（公元 1310）

（四月己酉）容米洞官田墨糾合蠻酋，殺千戶及戍卒八十餘人，俘掠良民；改永順、保靖、南渭安撫司為永順等處軍民安撫司，以安撫副使梓材為使往招之。[4]

---

1 （元）佚名：《招捕總錄・四川門》三月條，《守山閣叢書》本，第 36 頁。

2 （元）李浩：《大元贈懷遠大將軍河東河西等路萬戶府副萬戶輕騎都尉追贈譙國郡侯曹公墓碑銘》，載於哈銳、承允、甲纘緒等撰：《天水縣誌・卷 13・藝文志》，《中國地方誌集成・甘肅府縣誌輯》第 32 冊，鳳凰出版社，2008 年，第 551 ～ 556 頁。

3 （清）張廷玉等：《明史・卷 44・志第二十・地理五》，中華書局，1974 年，第 1096 頁。

4 （明）宋濂等：《元史・卷 23・本紀第二十三・武帝二》，中華書局，1976 年，第 524 頁。

（十一月戊子）四川行省紹慶路所隸容米洞田墨，連結諸蠻，攻刦麻寮等寨，方調兵討捕，遣千戶塔术往諭田墨施什用等來降。宜立黃沙寨，以田墨施什用為千戶。[5]

泰定元年（公元 1324）

（十二月乙亥）夔路容米洞蠻田先什用等九洞為寇，四川行省遣使諭降五洞，餘發兵捕之。[6]

泰定三年（公元 1326）

（四月壬寅）（容）米洞蠻田先什用等結十二洞蠻寇長陽縣，湖廣行省遣九姓長官彭忽都不花招之。田先什用等五洞降，餘發兵討之。[7]

至順二年（公元 1331）

（七月）辛丑，懷德府洞蠻二十一洞田先什用等以方物來貢，還所虜生口八百餘人給其家。[8]

至正十年（公元 1350）

（正月）壬戌，立四川容美洞軍民總管府。[9]

至正十五年（公元 1355）

容美宣撫司。衛東南二百十里。元至正十五年立四川容美洞軍民總管府。明洪武四年置宣撫司，寻廢。永樂四年復置，领長官司四，隸施州衛。[10]

至正二十六年（大夏天統四年，公元 1366）

（二月）丁卯，容美洞宣撫使田光寶遣弟光受及宣慰同知彭建思等，以元所授宣勅印章來上。命以光寶為四川行省参政，行容美洞等處軍民宣撫司事，仍為置安撫元帥以治之。[11]

---

5 （明）宋濂等：《元史・卷 23・本紀第二十三・武帝二》，中華書局，1976 年，第 529、530 頁；（清）屠寄：《兀兒史記・海山可汗紀・本紀第八》至大三年十一月條，中國書店，1984 年，第 129 頁中亦有類似記載，囿於篇幅，不再贅述。

6 （明）宋濂等：《元史・卷 29・本紀第二十九・泰定帝一》，中華書局，1976 年，第 652 頁。

7 （明）宋濂等：《元史・卷 30・本紀第三十・泰定帝二》，中華書局，1976 年，第 669 頁；（清）顧祖禹：《讀史方輿紀要・卷 78》，中華書局，2005 年，第 3685 頁中亦有類似記載，囿於篇幅，不再贅述。

8 （明）宋濂等：《元史・卷 35・本紀第三十五・文宗四》，中華書局，1976 年，第 788 頁。

9 （明）宋濂等：《元史・卷 42・本紀第四十二・順帝五》，中華書局，1976 年，第 888 頁。

10 （清）顧祖禹：《讀史方輿紀要・卷 82》，中華書局，2005 年，第 3867 頁。

11 《明太祖實錄・卷 19・丙午二月丁卯》，《明實錄》1962 年，第 261 頁（本文所引《明實錄》均为台湾『中研院』歷史語言研究所校勘本）；（清）張廷玉等：《明史・卷 310・傳一百九十八・土司》，中華書局，1974 年，第 7984、7985 頁；（明）談遷：《國榷》，中華書局，1958 年，第 322 頁；（清）畢沅：《續資治通鑒・卷 219》，第 3 頁中亦有類似記載，囿於篇幅，不再贅述。

至正二十七年（大夏開熙元年，吳元年，公元1367）

容美宣撫司**（元容美等處宣撫司，屬四川行省）**太祖丙午年二月因之。吳元年正月改黃沙、靖安、麻寮等處軍民宣撫司。洪武五年二月改置長官司。七年十一月升宣慰司，後廢。永樂四年復置宣撫司，屬施州衛。**（西南有山河，即漊水之上源，東入九溪衛界）**。西北距衛二百十里。領長官司五。[12]

（正月）壬午，改容美洞等處軍民宣撫司為黃沙、靖安、麻寮等處軍民宣撫司，以田光寶掌司事，并立太當平、臺宜、麻寮等十寨長官司。[13]

田乾宗輩次亦不可考，以其子光寶於明洪武初年授宣慰使，故斷為元時人。[14]

明朝（公元1368～1644）

洪武二年（大夏開熙三年，公元1369）

添平、麻寮，皆守禦千户所。每所掌印土官千户一員，巡捕漢官千户一員……每隘各土官百户一員掌印，以防守容美夷寇，隸籍土軍則皆石門、慈利二縣民充之。[15]

洪武三年（大夏開熙四年，公元1370）

田光寶，乾宗子，洪武三年三月遣弟光受等以元所授誥敕印章詣行在，請換。上命光寶為四川行省参政，行容美等處軍民宣慰使事，仍置安撫元帥治之。[16]

枝江縣，府西一百八十里。……明洪武三年以容美等洞蠻出没，置枝江千户所于縣城内，以縣并入松滋，尋復置。今编户八里。[17]

洪武四年（大夏开熙五年，公元1371）

洪武四年，宣寧侯曹良臣帥兵取桑植，容美洞元施南道宣慰使覃大勝弟大旺、副宣慰覃大興、光寶子答谷等皆來朝，納元所授金虎符。[18]

（四月）戊子，征西將軍中山侯湯和克歸州。分遣南雄侯趙庸、宣寧侯曹良臣克桑植、容美洞。會江夏侯周德興克茅岡覃垕寨，和次歸州。[19]

（十二月丙申）故元施南道宣慰使覃大勝弟大旺，副宣慰覃大興，隆中路宣撫司同知南木什用，金洞安撫副使達谷什用，忠孝安撫司同知墨谷什用，隆奉宣撫同（司）同知驢谷什用，東鄉五路軍民府知府結剌什用及四川容美洞宣撫使田光寶子答谷什用等来朝貢方物，納元所授金虎符，詔各

12 （清）張廷玉等：《明史·卷44·志第二十·地理五》，中華書局，1974年，第1098頁。
13 《明太祖實錄·卷22·吳元年正月戊寅》《明實錄》，1962年，第313頁；（明）談遷：《國榷》，中華書局，1958年，第331頁中亦有類似記載，囿於篇幅，不再贅述。
14 （清）吉鐘穎等：道光《鶴峰州志·卷1·沿革志》《中國地方誌集成·湖北府縣誌輯》第45冊，江蘇古籍出版社，2001年，第352、353頁。
15 （清）顧炎武：《天下郡國利病書·卷73·湖廣》《四部叢刊》三編本，卷内第23頁。
16 （清）吉鐘穎等：道光《鶴峰州志·卷1·沿革志》《中國地方誌集成·湖北府縣誌輯》第45冊，江蘇古籍出版社，2001年，第353頁。
17 （清）顧祖禹：《讀史方輿紀要·卷78》，中華書局，2005年，第3676頁。
18 （清）張廷玉等：《明史·卷310·傳一百九十八·土司》，中華書局，1974年，第7985頁。
19 （明）談遷：《國榷》，中華書局，1958年，第445頁；（清）穀應泰：《明史紀事本末·卷11》，摛藻堂四庫全書薈要本，第7頁中亦有類似記載，囿於篇幅，不再贅述。

賜衣服有差。[20]

洪武五年（公元 1372）

（二月壬辰）容美洞宣撫使田光寶遣其子苔谷什用等来朝貢方物。賜光寶文綺二疋，苔谷什用等衣人一襲。仍改（容）美洞軍民宣撫司為長官司，秩正六品，以光寶為長官。[21]

忠建宣撫司**（元忠建軍民都元帥府，明玉珍因之）**，洪武五年正月改長官司。六年升宣撫司。二十七年四月改安撫司，尋廢。永樂四年復置宣撫司，屬施州衛。**（南有白水河，源出將軍山，西南流，車東河自容美司來合焉）**，北距衛二百五十里，領安撫司二。[22]

洪武七年（公元 1374）

（十一月丁亥）詔置容美洞宣撫司及家鄉寨五里自崖，椒山瑪瑙等處，水盡原通塔坪，石梁下洞，五峯，寶寨六長官司。[23]

洪武十二年（公元 1379）

曹震……雲南平，因請討容美、散毛諸洞蠻及西番朵甘、思曩日諸族。詔不許。[24]

洪武十四年（公元 1381）

施州，隋為清江郡，改施州。明初仍之。洪武十四年改置施州衛軍民指揮使司，屬湖廣都司。領軍民千戶所一：曰大田。領宣撫司三：曰施南，曰散毛，曰忠建。領安撫司八：曰東鄉五路，曰忠路，曰忠孝，曰金峒，曰龍潭，曰大旺，曰忠峒，曰高羅。領長官司七：曰搖把峒，曰上愛茶峒，曰下愛茶峒，曰劍南，曰木册，曰鎮南，曰唐崖。領蠻夷長官司五。曰鎮遠，曰隆奉，曰西泙，曰東流，曰臘壁峒。又有容美宣撫司者，亦在境内，領長官司四：曰椒山瑪瑙，曰五峰石寶，曰石梁下峒，曰水盡源通塔平。[25]

（正月）己酉，湖廣左布政使靳奎言：『歸州所辖長陽、巴東二縣居大江之南，地連容美諸洞，其蠻人常由石柱響洞等關至巴東劫掠。有土民譚天富者，常率衆擊敗之，歸所掠男女二十二人，斬首十三级，生擒四人，事聞于朝，已嘗賞賚。然天富止能自保其鄉，他所被寇者，須报州縣，移文軍衛，發兵剿捕，動经旬日，賊已遁去。臣愚以為若於蠻人出没要路，如椒山寨、連天關、石柱響洞、蹇家園等處，選土民爲衆推服如天富者，

20《明太祖實錄·卷 70·洪武四年十二月丙申》《明實錄》1962 年，第 1308 頁；（明）談遷：《國榷》，中華書局，1958 年，第 458、459 頁中亦有類似記載，囿於篇幅，不再贅述。

21《明太祖實錄·卷 72·洪武五年二月壬辰》《明實錄》1962 年，第 1328、1329 頁；（明）談遷：《國榷》，中華書局，1958 年，第 464 頁；（清）張廷玉等：《明史·卷 310·傳一百九十八·土司》，中華書局，1974 年，第 7985 頁中亦有類似記載，囿於篇幅，不再贅述。

22（清）張廷玉等：《明史·卷 44·志第二十·地理五》，中華書局，1974 年，第 1097、1098 頁。

23《明太祖實錄·卷 94·洪武七年十一月丁亥》《明實錄》1962 年，第 1640 頁；（明）談遷：《國榷》，中華書局，1958 年，第 513 頁中亦有類似記載，囿於篇幅，不再贅述。

24（清）張廷玉等：《明史·卷 132·列傳第二十·曹震傳》，中華書局，1974 年，第 3866 頁。

25（清）張廷玉等：《明史·卷 310·傳一百九十八·土司》，中華書局，1974 年，第 7984 頁；（清）毛峻德纂修：乾隆《鶴峰州志·卷上·沿革》《故宮珍本叢刊·湖北府州縣誌》第 5 冊，海南出版社，第 16 頁中亦有類似記載，囿於篇幅，不再贅述。

授以巡檢，俾集鄉丁，自爲保障，则蠻人不敢竊發矣。』從之。[26]

洪武十八年（公元 1385）

洪武十八年，蠻苗作亂，諸土司地多荒廢，長官亦罷承襲。永樂間，石梁下洞，椒山瑪瑙，水濜源通（水盡源通塔坪）三長官司，隸容美。[27]

洪武二十年（公元 1387）

仇成，含山人……二十年，充征南副将軍，討平容美諸峒。復從大軍征雲南，功多，予世券，加祿五百石。[28]

洪武二十二年（公元 1389）

洪武二十二年，設枝江守禦千户所，防容美洞蠻，創築土城。[29]

洪武二十三年（公元 1390）

明洪武初，仍置施州，属夔州府，後置施州衛。二十三年，省州入衛，改置施州衛軍民指揮使（司），屬湖廣都司。编户三里，領軍民千户所一，宣撫司三，安撫司八，長官司八，蠻夷長官司五，而容美長官亦在境内焉。[30]

洪武年間

明洪武初，（巴東）邑西南五百里距施州容美宣撫司二十里許，設連天關廵檢司廵檢一員，弓兵一百名。[31]

考洪武中，命東川侯胡海討夏得忠，立栅守禦。其地扼要，爲諸溪所滙，於此置衛，因名九谿衛。設指揮使一，指揮同知二，指揮僉事四，千户所，百户（所），世職隄防。軍置四所，軍卒輪流把守。……又設九永守備一員，整飭施歸，操閱軍士，外有安福、添平、麻寮三所，以防容美、桑植土司，其三所各隘俱屬九谿提調節制。[32]

永樂三年（公元 1405）

田勝貴，光寶子，襲父職。以後肖蠻向天富作亂牽連革職。永樂三年，復下詔招撫，授為宣撫使[33]。

26《明太祖實錄·卷 159·洪武十七年正月己酉》，《明實錄》，1962 年，第 2455、2456 頁。
27（清）郭敦祐等：光緒《長樂縣誌·卷 4·沿革志》，《中國地方誌集成·湖北府縣誌輯》第 54 冊，江蘇古籍出版社，2001 年，第 167 頁。
28（清）張廷玉等：《明史·卷 130·列傳第十八·仇成傳》，中華書局，1974 年，第 3827 頁。
29（清）徐國相、王新命等：《湖廣通志·卷 15·城池志》，清康熙二十三年刻本，第 24 頁。
30（清）多壽修、羅凌漢纂：同治《恩施縣誌·卷 1·地理志·沿革》，《中國方志叢書·華中地方》第 356 號，成文出版社，1975 年，第 124、125 頁；（清）顧祖禹：《讀史方輿紀要·卷 82》，中華書局，2005 年，第 3856 頁中亦有類似記載，囿於篇幅，不再贅述。
31（清）廖恩樹修、蕭佩聲纂：同治《巴東縣誌·卷 9·兵防志》，《中國方志叢書·華中地方》第 343 號，成文出版社，1975 年，第 561 頁。
32（清）嵇有慶、蔣恩澍修，魏湘纂：同治《續修慈利縣誌·卷 6·武備》，《中國方志叢書·華中地方》第 290 號，成文出版社，1976 年，第 645 頁。
33（清）吉鐘穎等：道光《鶴峰州志·卷 1·沿革志》，《中國地方誌集成·湖北府縣誌輯》第 45 冊，江蘇古籍出版社，2001 年，第 353 頁。

永樂四年（公元 1406）

（六月）癸亥，置湖廣容美、忠建、施南、散毛四宣撫，經歷、知事各一員。[34]

永樂四年，以桑植蠻内附，元嘗置安撫司，後廢。乃復置之，領容美一十八峝，隸九谿衛。[35]

永樂五年（公元 1407）

（二月丙午）復設五峯石宝長官司，隸湖廣都司，初大軍征蠻，蠻民皆竄匿，長官司遂廢。至是，長官張仲山子再武、陳謙珉子斌等乞復舊，以撫輯其眾。從之，命再武為長官，斌為副長官，賜印章、冠帶。[36]

（三月丙辰）復設東鄉五路安撫司，命譚忠為安撫，隸施南宣撫司。石梁下峒、椒山瑪瑙、水盡源通塔坪三長官司，俱隸容美宣撫司；命向湖文、劉冉貴、唐思文為長官。洪武初，各于其地设置治所，後蠻民梗化，遂廢。時譚忠等以故官子姪来朝，奉请復設，遂從之。[37]

永樂八年（公元 1410）

（六月癸亥）是日，湖廣容美宣撫司宣撫田勝貴遣把事杜貴達等貢方物，皇太子賜之鈔幣。[38]

永樂九年（公元 1411）

（二月）壬寅，置湖廣容美宣撫司之水盡源通塔坪、石梁下洞二長官司流官吏目各一員。[39]

宣德元年（公元 1426）

（四月）丁丑，湖廣容美宣撫司故土官向友亮子子賢、烏思藏番八（人）汪藏等，貢馬及方物。[40]

宣德三年（公元 1428）

（八月壬寅）湖廣容美宣撫司峝長向大蟲及兀也吾等衛女直指揮僉事保同等来朝貢馬及方物。[41]

（九月戊寅）賜湖廣容美宣撫司峝長向大蟲及兀也吾等衛女直指揮僉事保同、四川松潘等處軍民指揮司祈命等簇剌麻勺失結林證等鈔、綵幣、表

---

34 《明太宗實錄・卷 55・永樂四年六月癸亥》,《明實錄》, 1962 年，第 814 頁。

35 （清）嵇有慶、蔣恩澍修，魏湘纂：同治《續修慈利縣誌・卷 2・建置沿革》,《中國方志叢書・華中地方》第 290 號，成文出版社，1976 年，第 202 頁，第 7 頁亦有相同内容，囿於篇幅，不再贅述。

36 《明太宗實錄・卷 65・永樂五年二月丙午》,《明實錄》, 1962 年，第 912 頁。

37 《明太宗實錄・卷 65・永樂五年三月丙辰》,《明實錄》, 1962 年，第 915 頁；（清）顧祖禹：《讀史方輿紀要・卷 82》，中華書局，2005 年，第 3867 頁中亦有類似記載，囿於篇幅，不再贅述。

38 《明太宗實錄・卷 105・永樂八年六月癸亥》,《明實錄》, 1962 年，第 1365 頁。

39 《明太宗實錄・卷 113・永樂九年二月壬寅》,《明實錄》, 1962 年，第 1440 頁。

40 《明宣宗實錄・卷 16・宣德元年四月丁醜》,《明實錄》, 1962 年，第 431 頁。

41 《明宣宗實錄・卷 46・宣德三年八月壬寅》,《明實錄》, 1962 年，第 1132 頁。

裏有差。[42]

（九月）庚辰，湖廣容美宣撫司遣通事黄家得、廣東新興縣猺獠龐有清等来朝貢馬及方物。[43]

宣德七年（公元 1432）

（十月）丁酉，賜湖廣容美宣撫司通事黄家得等、廣東新興縣猺獠龐有清等鈔、綵幣、表裏有差。[44]

正統元年（公元 1436）

（十一月丁未）命湖廣施州衛容美宣撫司故土官僉事向友亮子子賢署父職，友亮永樂間以罪死獄中。至是子賢援例告乞承襲，兵部以聞，故命之。[45]

正統二年（公元 1437）

（二月壬戌）四川長河西魚通寧遠等宣慰使司、湖廣容美宣撫司俱遣人貢馬，賜鈔如例。[46]

（十二月乙丑）容美宣撫司舍人黄隆傑等、陝西岷州衛剌麻番僧鐫竹落木等俱来朝貢馬駝及方物，賜宴并綵幣等物有差。[47]

正統六年（公元 1441）

（二月）己巳，雲南定遠縣黑鹽井巡檢司土官巡檢樊真、湖廣容美宣撫司土官舍人黄瑛、貴州鎮寧州十二營長官司土官舍人阿烏、陝西階州孔提峪阿木等簇土番頭目巴肖等、甘州住坐回回火者倒兀等俱来朝，賜鈔絹有差。[48]

正統八年（公元 1443）

（五月）癸酉，陝西甘州寓居回回阿都剌等、湖廣容美宣撫司土官舍人向福銘等貢馬駝，賜鈔、綵幣、表裏有差。[49]

（十二月）辛卯，湖廣容美宣撫司五峰石寶長官司遣把事田永賢等、陝西臨洮府寶塔正覺寺剌麻三竹藏卜、圓覺寺剌麻劄巴舍剌等貢馬及貂鼠皮、佛像、舍利子，賜幣、鈔錠。[50]

景泰七年（公元 1456）

（三月）丁酉，雲南楚雄府阿雄巡檢司土官舍人者齊等、湖廣容美宣慰司土官舍人唐容、貴州金築安撫司吏目熊渙等俱來朝貢馬，賜鈔幣。[51]

42《明宣宗實錄・卷 47・宣德三年九月戊寅》，《明實錄》，1962 年，第 1150 頁。
43《明宣宗實錄・卷 95・宣德七年九月庚辰》，《明實錄》，1962 年，第 2157、2158 頁。
44《明宣宗實錄・卷 96・宣德七年十月丁酉》，《明實錄》，1962 年，第 2166 頁。
45《明英宗實錄・卷 24・正統元年十一月丁未》，《明實錄》，1962 年，第 480、481 頁。
46《明英宗實錄・卷 27・正統二年二月壬戌》，《明實錄》，1962 年，第 532、533 頁。
47《明英宗實錄・卷 37・正統二年十二月乙丑》，《明實錄》，1962 年，第 713 頁。
48《明英宗實錄・卷 76・正統六年二月己巳》，《明實錄》，1962 年，第 1482 頁。
49《明英宗實錄・卷 104・正統八年五月癸酉》，《明實錄》，1962 年，第 2108 頁。
50《明英宗實錄・卷 111・正統八年十二月辛卯》，《明實錄》，1962 年，第 2234 頁。
51《明英宗實錄・卷 264・景泰七年三月丁酉》，《明實錄》，1962 年，第 5628、5629 頁。

天順元年（公元 1457）

（三月甲戌）命湖广容美宣撫司宣撫田潮美子保富代職，以潮美老疾也。[52]

天順三年（公元 1459）

（四月）癸丑，雲南黑麻長官司、湖廣容美宣撫司各遣人貢馬及金銀器皿，賜鈔幣有差。[53]

（七月）辛卯，湖廣容美宣撫司宣撫田保富遣舍人黄昱等、四川烏思藏禪師爾桑兒結朶兒只等俱来朝貢馬及方物，賜钞、綵幣、表裏、紵絲襲衣等物有差。[54]

（十二月）辛酉，湖廣保靖州宣慰司宣慰使彭顯宗、永順等處宣慰司宣慰使彭世雄，容美宣撫司、忠孝安撫司、散毛宣撫司、龍潭安撫司、四川酉陽宣撫司、龍州宣撫司俱遣頭目，并廣東興寧縣土官巡檢彭伯齡、岷州番僧指密舍捏等各来朝貢馬及方物，賜綵幣、表裏等物。[55]

天順四年（公元 1460）

（七月）壬午，湖廣容美宣撫司遣頭目進馬，賜綵幣、鈔絹。[56]

天順五年（公元 1461）

（三月丙辰）四川黎州安撫司并邛部長官司遣把事蘭景榮等、馬湖府泥溪長官司把事楊鳳等、湖廣容美宣撫司水盡源通塔平長官司舍人唐文宣等来朝貢馬及方物，賜宴并賜綵幣、表裏等物有差。[57]

成化二年（公元 1466）

（正月壬申）湖廣施州衛高羅安撫司并容美宣撫司護印舍人田富等、貴州宣慰使司土官宣慰使安觀各遣舍人頭目人等来朝貢馬并金銀器皿、香蠟等物，賜綵段、表裏等物有差。[58]

成化五年（公元 1469）

（正月壬申）禮部奏：『湖廣容美宣撫司及五峯石寶長官司土官田保富等遣人進貢方物，秤較不足，盖其所遣之人侵盜，宜停其賞，以贖其罪。

52《明英宗實錄・卷 276・天順元年三月甲戌》，《明實錄》，1962 年，第 5875 頁；（清）吉鐘穎等：道光《鶴峰州志・卷 1・沿革志》，《中國地方誌集成・湖北府縣誌輯》第 45 冊，江蘇古籍出版社，2001 年，第 353 頁中亦有類似記載，囿於篇幅，不再贅述。

53《明英宗實錄・卷 302・天順三年四月癸醜》，《明實錄》，1962 年，第 6395 頁。

54《明英宗實錄・卷 305・天順三年七月辛卯》，《明實錄》，1962 年，第 6438 頁。

55《明英宗實錄・卷 310・天順三年十二月辛酉》，《明實錄》，1962 年，第 6513 頁。

56《明英宗實錄・卷 317・天順四年七月壬午》，《明實錄》，1962 年，第 6610 頁。

57《明英宗實錄・卷 326・天順五年三月丙辰》，《明實錄》，1962 年，第 6729 頁。

58《明憲宗實錄・卷 25・成化二年正月壬申》，《明實錄》，1962 年，第 510 頁。

仍移文布政使司，俾懲其後。』從之。[59]

成化六年（公元 1470）

（正月丙申）湖廣容美宣撫司土官宣撫田保富遣舍人劉拳等来朝貢方物，賜綵段、鈔錠有差。[60]

成化十年（公元 1474）

（二月己卯）四川石砫宣撫司土官僉事冉翱遣舍人馬仲清等、湖廣容美宣撫司并五峯石寶等長官司土官舍人田鎮等各来朝貢方物，賜綵段、絹鈔有差。[61]

（十二月）庚子，湖廣容美宣撫司土官向鎮遣舍人来朝貢馬，賜以鈔絹。[62]

成化十六年（公元 1480）

（正月辛丑）湖廣容美宣撫司并石梁下峒長官司土官宣撫田賓富等各遣舍人来朝貢方物，賜綵段、紗絹有差。[63]

成化二十年（公元 1484）

（二月戊辰）廣西安隆長官司上下凍（洞）等州縣、四川岳希蓬等長官司、貴州宣慰司金石番長官司、湖廣容美宣撫司各遣人貢馬及方物，賜綵段、絹鈔有差。[64]

成化二十二年（公元 1486）

（六月壬辰）貴州宣慰使司遣舍人安得等、湖廣容美宣撫司并施州衛高羅安撫司遣峒長田墨踵等各来朝貢馬，賜宴并綵段、鈔錠有差。[65]

成化二十三年（公元 1487）

（十二月）甲午，四川播州宣慰使杨愛遣安撫猶滽等慶賀并謝恩，湖廣容美宣撫司遣把事劉源進香，俱賜綵段、鈔錠有差。[66]

成化年間

盤顺安撫司。成化以後置，隸容美宣撫司。[67]

---

59 《明憲宗實錄·卷 62·成化五年正月壬申》，《明實錄》，1962 年，第 1267 頁；（清）吉鐘穎等：道光《鶴峰州志·卷 1·沿革志》，《中國地方誌集成·湖北府縣誌輯》第 45 冊，江蘇古籍出版社，2001 年，第 353 頁中亦有類似記載，囿於篇幅，不再贅述。

60 《明憲宗實錄·卷 75·成化六年正月丙申》，《明實錄》，1962 年，第 1444 頁。

61 《明憲宗實錄·卷 125·成化十年二月己卯》，《明實錄》，1962 年，第 2394 頁。

62 《明憲宗實錄·卷 136·成化十年十二月庚子》，《明實錄》，1962 年，第 2557 頁。

63 《明憲宗實錄·卷 199·成化十六年正月辛醜》，《明實錄》，1962 年，第 3496 頁。

64 《明憲宗實錄·卷 249·成化二十年二月戊辰》，《明實錄》，1962 年，第 4215 頁。

65 《明憲宗實錄·卷 279·成化二十二年六月壬辰》，《明實錄》，1962 年，第 4706 頁。

66 《明孝宗實錄·卷 8·成化二十三年十二月甲午》，《明實錄》，1962 年，第 182 頁。

67 （清）顧祖禹：《讀史方輿紀要·卷 82》，中華書局，2005 年，第 3867 頁。

弘治元年（公元 1488）

（十一月）壬申，四川建昌衛土官遣通把趙阿恭等貢馬，及湖廣容美宣撫司、龍潭安撫司、木冊長官司并水盡源通塔平長官司各遣峒長、把事、舍人田端等進香，賜綵叚、鈔錠有差。[68]

經畧志云：『重、夔二府所轄播、酉、石砫等土司及黔江、武隆、彭水、忠涪、建始、奉節、巫山、雲、萬等十州縣，皆稱關徼與湖廣施州衛所轄散毛、施南、唐崖、忠路、忠建、忠孝、容美等土司之地雞鳴相聞，犬牙交制。弘治元年，於達州設兵備副使，統轄重、夔，黔江等地及湖廣瞿塘、施州等衛所。正德間，藍鄢作亂，調各土司征勦，因而覘知蜀道險易，居民村落，不時出沒行刼。施衛官旗貪其子女財帛之遺，相與表裏為姦，違例婚媾，故諸夷得逞焉。嘉靖十年，於黔江千戸所、散毛宣撫司中界，設立老鷹等三關五堡。二十年川湖會題，設九永守備官一員，於施衛駐劄，俾其約束兩省徼上夷司，川湖守巡得胥節制之。』[69]

弘治二年（公元 1489）

（四月丁未）湖廣容美、散毛二宣撫司及大旺安撫司、唐崖長官司土官等各遣把事人等来朝貢方物，賜綵叚、鈔錠有差。[70]

（五月戊午）湖廣木冊長官司護印冠帶舍人田賢及容美宣撫司致仕宣撫田保富各進馬，為土人譚敬保、秦墨古送贖罪。刑部言：『舊制夷人納馬贖罪，蓋以情罪稍輕，不欲盡法。若情犯深重，罪狀明白，亦難准贖。請行巡撫等官查處以聞。』從之。[71]

（七月丙寅）四川播州宣慰司宣慰使楊愛及越巂衛邛部長官司、湖廣容美宣撫司及忠峒、高羅二安撫司，鎮南、石梁下峒二長官司各遣通事、峒長人等朝賀貢馬，賜宴并綵叚、鈔錠有差。[72]

弘治三年（公元 1490）

（正月庚午）湖廣容美、施南二宣撫司并忠孝、大旺、金峒、龍潭、劍南（原文謬误，劍南为长官司）高羅、忠峒、東鄉五路八安撫司，及鎮南、椒山瑪瑙、上、下愛茶峒、木冊、石梁下峒、水盡源通塔平、施溶溪八長官司及四川酉陽宣撫司各遣頭目進貢謝恩，賜綵叚、鈔錠有差。[73]

（八月辛卯）四川播州宣慰司、湖廣容美、忠峒二安撫司（原文謬误，容美为宣撫司）水盡源通、椒山瑪瑙蠻夷三長官司（原文謬误，應為水盡源通塔坪、椒山瑪瑙两长官司）各遣頭目把事人等貢馬，賜綵叚、鈔錠有差。[74]

---

68 《明孝宗實錄・卷 20・弘治元年十一月壬申》，《明實錄》，1962 年，第 470 頁。

69 （明）曹學佺：《蜀中廣記》，文淵閣四庫全書本，第 963、964 頁。

70 《明孝宗實錄・卷 25・弘治二年四月丁未》，《明實錄》，1962 年，第 569 頁。

71 《明孝宗實錄・卷 26・弘治二年五月戊午》，《明實錄》，1962 年，第 579 頁；（清）松林修、何遠鑒撰：同治《施南府志・卷 18・武備》，《中國方志叢書・華中地方》第 328 號，成文出版社，1976 年，第 994 頁中亦有類似記載，囿於篇幅，不再贅述。

72 《明孝宗實錄・卷 28・弘治二年七月丙寅》，《明實錄》，1962 年，第 613 頁。

73 《明孝宗實錄・卷 34・弘治三年正月庚午》，《明實錄》，1962 年，第 738、739 頁。

74 《明孝宗實錄・卷 41・弘治三年八月辛卯》，《明實錄》，1962 年，第 855 頁。

弘治八年（公元 1495）

（十二月辛酉）湖廣容美宣撫司遣頭目来貢馬及降香，禮部以所貢香不及數，馬稱道死，又無明文起送，請止給半賞，從之。仍命令後土官進貢者本布政司給明文起送。[75]

弘治十四年（公元 1501）

以後土官應襲子弟，悉令入學，漸染風化，以格頑冥。如不入學者，不准承襲。[76]

弘治十五年（公元 1502）

（五月丙子）湖廣容美宣撫司并石梁下峒等長官司各遣人来貢，賜絹鈔等物如例。[77]

弘治十八年（公元 1505）

田秀，鎮弟，鎮无子，秀襲职。宏治十八年，以子禍卒。[78]

田世爵字廷器，號龍溪，秀第七子。秀有庶長子，乳名白俚俾，謀篡襲（襲）。因秀外巡，乘間殺其嫡長并弟五人，而嗾其黨弒秀於觀音坡之河側。世爵尚在繈褓，乳母覃氏與其夫賀某，後賜姓名田勝富者，以己子代，而負世爵奔桑植，白俚俾覺追弗及。時本司舍人名麥翁宗者赴桑植，請兵討賊。比兵至而白俚俾已赴武昌請襲，僅誅其黨數人。會土經歷向太保俾告變於撫按，而桑植甲文亦至，乃下白俚俾獄，駢洎磔死。正德二年世爵襲職，九年由桑植回司任事……後以隨總督胡宗憲征倭，卒於蕪湖（嘉靖三十五年）。年八十有三。[79]

正德三年（公元 1508）

（三月己未）湖廣容美宣撫司并石梁下峒等長官司遣通把張世宗等貢降香、方物，賜宴並絹疋、鈔錠有差。[80]

正德四年（公元 1509）

（十月）乙未，湖廣容美宣撫司并椒山瑪瑙長官司通事土人劉思朝等來京進貢，多起關文，沿途需索，為偵事者所發。自魯橋以北應付過銀千余兩計，魯橋以南又當數倍。禮部議：『宜究治諸應付者，以戒將來。』上以進貢土人，姑宥之，仍令禮部有諭及行文本省：『處治奏聞經該起送等官，批文容呈名數不及，以致土人乘機添控，皆奪俸兩月。諸應付者通查職名及所支錢粮，仍榜示後來，不許妄行應付。』[81]

---

75 《明孝宗實錄・卷 107・弘治八年十二月辛酉》，《明實錄》，1962 年，第 1954、1955 頁。

76 （清）張廷玉等：《明史・卷 310・傳一百九十八・土司》，中華書局，1974 年，第 7997 頁。

77 《明孝宗實錄・卷 187・弘治十五年五月丙子》，《明實錄》，1962 年，第 3442、3443 頁。

78 （清）吉鐘潁等：道光《鶴峰州志・卷 1・沿革志》，《中國地方誌集成・湖北府縣誌輯》第 45 冊，江蘇古籍出版社，2001 年，第 353 頁。

79 （清）吉鐘潁等：道光《鶴峰州志・卷 1・沿革志》，《中國地方誌集成・湖北府縣誌輯》第 45 冊，江蘇古籍出版社，2001 年，第 353、354 頁。

80 《明武宗實錄・卷 36・正德三年三月己未》，《明實錄》，1962 年，第 867 頁。

81 《明武宗實錄・卷 56・正德四年十月乙未》，《明實錄》，1962 年，第 1250 頁；（清）張廷玉等：《明史・卷 310・傳一百九十八・土司》，中華書局，1974 年，第 7988 頁中亦有類似記載，囿於篇幅，不再贅述。

正德八年（公元 1513）

（十月）丙辰，四川容美宣撫司護印土官宣撫舍人田世爵差通事田廣等貢馬，減其賞之半，以不由布政司起送，違例也。[82]

正德十一年（公元 1516）

十一年，容美宣撫田秀愛其幼子，將逐其兄白俚俾，而以幼子襲。白俚俾恨之，賊殺其父及其弟。事聞，下鎮巡官驗治，磔死。土官唐勝富、張世英等為白俚俾奏辨，罪亦當坐。詔以蠻僚異類，難盡繩以法，免其並坐，戒飭之。[83]

正德十五年（公元 1520）

（六月）甲戌，湖廣容美宣撫司同知田世瑛奏：『獲鎮南軍民府古印，為始祖田思政開熙二年頒給，乞改陞宣撫司為軍民府。』禮部議：『我朝永樂間開設宣撫司，頒印已久，難以改更，古印宜繳進。』從之。[84]

正德年間

張昊襲長官（五峰长官司），扶容美土司庶長子百里俾（白俚俾）争襲，容美嫡長子田世爵並殺之。遠族张世瑛襲。張世瑛襲長官，田世爵强橫，棄舊居之北佳坪（**今在鹤峯州**），而買管長陽有糧之芝麻坪居焉，即今之縣署地也。[85]

嘉靖元年（公元 1522）

（十一月）戊申，礼部條奏議處土官朝覲五事，一曰定賞例：『請自今土官遣人至京，若弟姪及男進馬四匹以上及方物重者，賞鈔弊（幣），以衙門品級高下為差。其進馬一二匹及方物輕者，與雜職同賞。若通事、把事、頭目人等，止以馬匹、方物多寡為差。几（凡）進香茶、黃蠟每杠五十五斤，由布政司傳送者，所賞生絹炤数遞加，違例者罷其賞。』二曰革宿弊，言：『近年各土官宣撫等司，差来人数太多，皆非舊額。所齎降香，重不過七八斤，而冒廪餼及絹鈔之賞，至有偽造印信、私增批文者。自今請申明故事，凡違例者，所在有司遏使勿入，其非布政司真印批文，沿途不得資給，即越赴京師，皆還其貢物，罷其賞賜廪餼。或奇民附和為奸者，以重論。』三曰處進馬，言：『先朝土官進馬，就所在布政司辨驗，易銀貯庫，以備買馬。今容美宣撫等司貢馬至京，往來騷擾，亦非舊制，自今有犯者，皆罷絕之。』四曰明進收，言：『頃者湖廣忠建宣撫司等土官遣把事進香，鴻臚寺遽引赴內府交收，即有違例，槩得給賞。自今土官遣人至京，鴻臚寺既引見，上其奏，仍赴本部驗進方物，庶有所稽考。』五曰防欺偽，言：『各土官職事原有等級，間或詐偽得賞賜歸，則以恐喝夷衆，中國自有紀綱，不可墮其欺偽，宜令吏、兵二部将已襲授土官職名查報本部，

---

82 《明武宗實錄・卷 105・正德八年十月丙辰》，《明實錄》，1962 年，第 2159 頁。

83 （清）張廷玉等：《明史・卷 310・傳一百九十八・土司》，中華書局，1974 年，第 7988 頁。

84 《明武宗實錄・卷 187・正德十五年六月甲戌》，《明實錄》，1962 年，第 3562、3563 頁；（清）張廷玉等：《明史・卷 310・傳一百九十八・土司》，中華書局，1974 年，第 7988、7989 頁中亦有類似記載，囿於篇幅，不再贅述。

85 （清）郭敦祐等：光緒《長樂縣誌・卷 4・沿革志》，《中國地方誌集成・湖北府縣誌輯》第 54 冊，江蘇古籍出版社，2001 年，第 169 頁。

未襲者，行巡撫亟為奏補，以安夷民。』上皆允行之。[86]

嘉靖五年（公元 1526）

（八月壬申）貴州宣慰司及湖廣容美宣撫司土官宋儲、田世爵各貢方物賀萬壽聖節，給賞如例。[87]

嘉靖七年（公元 1528）

（八月丁巳）湖廣容美宣撫司、龍潭安撫司朝貢夷人率皆千餘，所過擾害，巡撫鳳陽都御史唐龍以聞。於是禮部申明定例，言：『天下諸夷朝貢，俱有定期、額數。腹外者，遣官驗放，腹裏者，都布二司起送。是以贡物有秤盤检辨之详，人数有阻回存留之異。惟湖廣土人来往自由，止執本土官批文，驀越前來，驛遞村店，悉被其害。今宜申嚴前例：每歲萬壽聖節，止宣慰、宣撫、安撫司襲授執事者，差人慶賀，每司不過三人。三歲入覲之期，自土官以下每司二人，大約連宣慰等司多不過百人，起送赴部者不過二十人，餘皆存留本布政司聽賞，並從都布二司會驗貢馬，就彼易銀貯庫，方物驗中如數，併具人名物數，給與咨批關文，遣官伴送至京，物不中貢及人過具額，即為阻回。定以限期，聖旦以節前朝覲，以歲終。本部查其奏抄，與都布二司咨批相同，方與賞賜應付，無咨批者，下法司論罪。順天府給引炤回，仍行鎮巡等官，令有司刻木榜懸之，所過驛遞、巡司等衙門嚴加訊察。雖有本土官文而無都布二司明文者，即係越度，執送所在官司究問解回，擅與應付及不覺察者，罪之。』詔如議行。[88]

嘉靖十一年（公元 1532）

（四月壬辰）湖廣容美宣撫司各遣通把人等貢香，以過期，減賞有差。[89]

嘉靖十三年（公元 1534）

至嘉靖十三年，容美宣撫田世爵縱令土目田文祖、張琦、周萬雄，統兵出境，殺死本縣應捕劉聰、火甲羅廷瑞、吳鮮九等数命，擄民丘六、劉荣等百餘家，並綁弓兵汪高進崮。即報連天關，通申合于上司。復蒙分守上荆南道康条議，設法嚴行禁治，聊息數年。[90]

嘉靖二十三年（公元 1544）

（六月癸巳）湖廣容美宣撫司、椒山瑪瑙等長官司遣人入貢，以過期給半賞。[91]

86《明世宗實錄・卷 20・嘉靖元年十一月戊申》，《明實錄》，1962 年，第 577、578 頁。
87《明世宗實錄・卷 67・嘉靖五年八月壬申》，《明實錄》，1962 年，第 1538 頁。
88《明世宗實錄・卷 91・嘉靖七年八月丁巳》，《明實錄》，1962 年，第 2094 ~ 2096 頁；（明）談遷：《國榷》，中華書局，1958 年，第 3383 頁中亦有類似記載，囿於篇幅，不再贅述。
89《明世宗實錄・卷 137・嘉靖十一年四月壬辰》，《明實錄》，1962 年，第 3228 頁。
90（清）齊祖望等：康熙《巴東縣誌・卷 2・兵防》，《故宮珍本叢刊・湖北府州縣誌》第 4 冊，海南出版社，第 333 頁。
91《明世宗實錄・卷 287・嘉靖二十三年六月癸巳》，《明實錄》，1962 年，第 5447 頁。

嘉靖三十年（公元 1551）

嘉靖叁拾年，詔湖廣川貴總督節制容美等拾肆司。[92]

九永（守备），嘉靖三十年復設。駐劄九谿地方，管轄施州衛。統領永定、九谿、大庸、麻寮、添平、安福等衛所。防制永顺、容美諸夷，聽川湖守巡官節制。[93]

嘉靖三十三年（公元 1554）

（十一月壬子）詔更賜總督湖廣川貴侍郎馮岳，勑令其節制容美十四司。初容美土官田世爵與把隘土官向元楫累世相讐。元楫幼，世爵佯以解讐為名，遣女嫁之，謀奪其產。因誣元楫以奸，有司恐激變，令自捕元楫下獄。世爵遂發卒盡俘向氏，并籍其山場土田，皆沒入之。久之，撫按知其謀，責與元楫對狀。世爵不出，陰聚衆自備，與羅峒叛舍黃中等通。于是湖廣巡按御史周如斗奏：『請移荊南道分巡施州衛，以便控制。掣回廣西清浪等處輪戍官軍，以實行伍。』疏下督撫馮岳等議：『施州地勢孤懸，不可久居，戍軍亦非一時可盡掣，但當移荊瞿守備于施州，九永守備於九谿，仍申明舊例，以上荊南道守巡官更替巡歷。至于世爵驕橫，有司力不能摄治，而獨久繫元楫何為？今宜出元楫于獄，假督臣節制容美之權，問世爵抗違之罪，若再不悛，即繩以國法。』兵部覆奏，從之。[94]

嘉靖三十三年，龍潭安撫黃俊據支羅，容美土官田世爵陰與羅峒土舍黃中謀叛。中者，俊子也。中既平，遂割半，置所立屯，以百戶二鎮之，為支羅鎮守百戶所。[95]

嘉靖三十四年（公元 1555）

（四月辛巳）湖廣容美宣撫司土官田世爵獻大木五十根，備承天工所應用。詔賜銀二十兩、綵段二表裏奖之。[96]

（十一月）會台州告急，公（胡宗宪）笑曰：『冦來有三敗，我皆得之，不足平也？初，冦登平陽，守將不循約束，故得深入。今，台守譚綸干城之將，且素受方畧，賊玩蹂其疆，（其）一。兵法小敵之堅，大敵之擒。冦方得志三港，其氣驕，我兵方捷於樂清，其氣勁。以勁乘驕，如拉朽耳！（其）二。容美兵精悍甲，諸部萬里從征，朝氣正鋭，但初未諳險阨，今授以布伏邀擊之法，則為全勝之技，（其）三。』遂命分道布截，天台以南，綸兵當之，新昌以北，容美兵當之。……會容美兵陳而待，田九霄以正兵當其前，田九章援兵繼進，左翼則留守王倫伏兵當之，右翼則經歷畢爵伏兵當之。指揮吳江率部兵遶賊後背夾擊，且多張旗幟為疑兵，以撼賊勢。賊四面受敵，且戰且走。我兵追之，入清風嶺烈女祠，俘斬

---

92 （清）毛峻德纂修：乾隆《鶴峰州志·卷上·沿革》，《故宮珍本叢刊·湖北府州縣誌》第 5 冊，海南出版社，第 10 頁。

93 （明）李東陽等奉敕撰，申時行等奉敕重修：《大明會典·卷 127·兵部十·鎮戍二》，明萬曆十五年内府刊本，卷内第 5、6 頁。

94 《明世宗實錄·卷 416·嘉靖三十三年十一月壬子》，《明實錄》，1962 年，第 7226、7227 頁；（明）談遷：《國榷》，中華書局，1958 年，第 3841 頁；（清）吉鐘穎等：道光《鶴峰州志·卷 1·沿革志》，《中國地方誌集成·湖北府縣誌輯》第 45 冊，江蘇古籍出版社，2001 年，第 353 頁亦有類似記載，囿於篇幅，不再贅述。

95 （清）黃世崇纂修：光緒《利川縣誌·卷 1·沿革表》，《中國地方誌集成·湖北府縣誌輯》第 58 冊，江蘇古籍出版社，2001 年，第 9 頁。

96 《明世宗實錄·卷 421·嘉靖三十四年四月辛巳》，《明實錄》，1962 年，第 7299 頁。

一百七十餘；是艅也，賊二百余徒，歷溫台紹三郡始克剿滅。其敢於深入者，猶恃紹興之倭欲與合夥，迫越台州，始知舊倭已破，於是既畏譚兵，不敢南，復畏土兵，不敢北。卒至於敗，如公所料云。[97]

（十二月）甲寅，台州倭走嵊縣，容美兵復敗之。[98]

嘉靖三十五年（公元 1556）

（正月癸亥）福建倭寇流入浙江界，與錢倉冦合。原任留守王倫督容美土司田九霄等兵扼之於曹娥江，賊不得渡還走。官軍追及之於三江民舍，連戰，斬首二百級，復追至黃家山，盡殲之。[99]

（四月辛丑）新倭三千餘人犯鎮江瓜洲儀眞，焚漕粟三萬四千餘石。攻揚州，殺同知朱裒、都指揮張恆、千户羅天爵，會沂鹽賈善射者卻之。而徐海、陳東各擁萬人，佯攻乍浦。時川湖諸兵俱罷，獨容美、河朔兵五千人在。巡撫阮鶚夜半趨乍浦，胡宗憲屯塘棲，相犄角。[100]

蓋四月十九日，也當是時，朝廷方奪故總督，而新總督胡公（胡宗宪）自提督代之。甫八日，問幕府麾下募卒僅三千人，俱孱弱不可用。故總督所徵四川、湖廣、山東、河南諸兵俱罷去。所為緩急者，特容美土兵千人，及叅將宗禮所藉河朔之兵八百人耳。……當是時，胡公既獲諜，度蘇湖之間，惟鶯湖為四戰之地。於是檄河朔兵，自嘉興入駐勝墩陣而待因，以吳江水兵遮其前，湖州水兵尾其後，而公自引麾下募卒及容美土兵衝擊之。[101]

盖五月六日也。明日，朝廷特遣工部侍郎沈公良才視師南勦。將行，徐藻以趙通政客歲有祭海督勦之行，乃疏請以趙易沈，朝廷從之。乃改勅趙南行，隨調京營神鎗手三千名，……定（原文謬误，当为『永』字，即永顺土司）保二司兵三萬，容美等司兵一萬，由陸路進發。[102]

（八月辛亥）官軍進剿海寇徐海等於梁庄，大破，平之。初海既缚献陈东等，退屯梁庄聽撫，時索舡索賞進退未決。其部衆無所得食，稍稍出营鹵掠。至是，官军四面俱集，保靖、容美兵自金山至，永顺兵自乍浦至。趙文華遂欲乘势剿海，执海衆刧掠为词，使人责问之。海知有变，乃阻深塹自守，為迎戰備。信好既绝，我師遂薄贼营。會大风縱火，诸军鼓噪從之，海等窮迫皆闔户投火中，相枕籍死，於是浙、直倭冦悉平。[103]

三十五年（田世爵卒于军中），命容美宣撫田九霄襲職，賜紅紵衣一襲，以浙江黃宗山擊倭之功也。[104]

---

97 （明）鄭若曾、邵芳圖撰，胡宗憲總編：《籌海圖編·卷9·清風嶺之捷條》，明天啟四年新安胡維極重刊刻本，卷内第7、8頁。

98 （明）談遷：《國榷》，中華書局，1958年，第3867頁。

99 《明世宗實錄·卷431·嘉靖三十五年正月癸亥》，《明實錄》，1962年，第7439頁；（明）談遷：《國榷》，中華書局，1958年，第3866頁中亦有類似記載，囿於篇幅，不再贅述。

100 （明）談遷：《國榷》，中華書局，1958年，第3874頁。

101 （明）鄭若曾、邵芳圖撰，胡宗憲總編：《籌海圖編·卷9·紀剿滅徐海本末》，明天啟四年新安胡維極重刊刻本，卷内第12～13頁；（明）焦竑：《國朝獻征錄·卷57·胡公宗憲剿徐海本末》，文淵閣四庫全書本，第43～45頁中亦有類似記載，囿於篇幅，不再贅述。

102 （明）采九德：《倭變事略·卷4》，《叢書集成初編·倭變事略及其他一種》，商務印書館，1935年，第82～84頁。

103 《明世宗實錄·卷438·嘉靖三十五年八月辛亥》，《明實錄》，1962年，第7525頁。

104 （清）張廷玉等：《明史·卷310·傳一百九十八·土司》，中華書局，1974年，第7990頁。

嘉靖三十八年（公元 1559）

（二月乙巳）江西撫按官何遷、鄭本立奏，浙、福徵調廣兵往返絡繹，咸取道江西，既漫無名数可稽，又未有專官部领，以致所过騷然，有同寇攘。乞行總督及浙、福及提督兩廣軍門，自後調取廣兵，量其多寡，選委府佐或守巡官一员部领，仍籍其名數。先朞移文江西，俾预集舟艦廪糧兼便稽嚴，凡途路往返，有仍前恣，縱為民害者，所部領官坐以失職之罪。疏下兵部，覆言自兵興以来，徵調四出，在山东则調民兵枪手，在直隸则調保河民兵及山西游兵，在河南则調毛葫芦及睢陈兵，在湖廣则調永顺、保靖、容美、麻寮等土兵。沿途騷擾，惨不可言，宜行各撫按官將調遣事宜，悉心計處，制馭有方，斯為得策報可。[105]

嘉靖四十年（公元 1561）

嘉靖四十年，容美□□（同治版巴东县志可见『土人』）出沒長、巴二縣，恣行擄掠。後一都民鄧天益，奏於□□（同治版巴东县志可见『邑西』）南五百里金豁口，設紅砂堡，撥遠安所千戶一□□□（同治版巴东县志可见『員，旗軍』）五十三名，與連天關弓兵，共相防守。[106]

嘉靖四十一年（公元 1562）

田九霄號後江，世爵長子。從世爵征倭，世爵卒於軍中，襲職，詔賜紅紵衣一襲，以浙江黃宗山之捷也。九霄賞罰嚴明，與士卒同甘苦，所向有功，然為人深刻毛鷙，每叱馭出，民皆閉戶，雞犬無聲。嘉靖四十一年卒。[107]

嘉靖年間

張廷玉（容美土司下属五峰安抚使司），嘉靖間從容美田九霄，奉調隨總督胡宗憲征倭有功，受賞歸，傳子彬。[108]

万历二十七年（公元 1599）

張應龍，張彬子，襲父職。萬曆二十七年從征播州土司楊應龍，獲其弟兆龍、姪朝棟，妾田嶋鳳，有功加封武畧將軍。[109]

万历三十七年（公元 1609）

田九龍字子雲，號八峯，九霄同母仲弟。九霄忌諸弟才俊，九龍深自斂戢，耕讀於龍潭坪之後山，今俗稱二爺坪是也。九霄病，知諸子不才，遺命九龍襲職。九龍膽識過人，喜讀書，好義愛客。萬曆三十七年卒，年八十有三。[110]

---

105 《明世宗實錄·卷 469·嘉靖三十八年二月乙巳》，《明實錄》，1962 年，第 7883、7884 頁。

106 （清）齊祖望等：康熙《巴東縣誌·卷 2·兵防》，《故宮珍本叢刊·湖北府州縣誌》第 4 冊，海南出版社，第 331、332 頁。在（清）廖恩樹修、蕭佩聲纂：同治《巴東縣誌·卷 9·兵防志》，《中國方志叢書·華中地方》第 343 號，成文出版社，1975 年，第 563 頁中亦有類似記載，囿於篇幅，不再贅述。

107 （清）吉鐘穎等：道光《鶴峰州志·卷 1·沿革志》，《中國地方誌集成·湖北府縣誌輯》第 45 冊，江蘇古籍出版社，2001 年，第 354 頁。

108 （清）郭敦祐等：光緒《長樂縣誌·卷 4·沿革志》，《中國地方誌集成·湖北府縣誌輯》第 54 冊，江蘇古籍出版社，2001 年，第 170 頁。

109 （清）郭敦祐等：光緒《長樂縣誌·卷 4·沿革志》，《中國地方誌集成·湖北府縣誌輯》第 54 冊，江蘇古籍出版社，2001 年，第 170 頁。

110 （清）吉鐘穎等：道光《鶴峰州志·卷 1·沿革志》，《中國地方誌集成·湖北府縣誌輯》第 45 冊，江蘇古籍出版社，2001 年，第 354 頁。

万历年间

（张）之綱嘗與椒山安撫司劉宗邦扶田楚産爭襲容陽（美）土司，百折不回，田楚産德之，以其愛子田圭爲之婿，後無嗣，弟襲。[111]

東起遼海，西盡嘉峪，南至瓊崖，北抵雲朔，東西一萬餘里，南北一萬里。凡天下府百有四十（**南、北直隸府二十二，布政司所屬府百十八**），州百有九十三（**南、北直隸所有州四十，布政司所有州共百五十三**），縣千一百三十八（**南、北直隸所有縣二百一十，布政司所有縣九百二十八**），又羈縻府十九，州四十七，縣六（**廣西二，雲南四。此俱嘉靖時制**）。……又夷官宣慰司十一（**湖廣二，永順、保靖；四川二，播州、董卜韓胡；雲南六，車里、木邦、孟養、緬甸、老撾、八百大甸；貴州一，貴州；播州，今改爲遵義府**），宣撫司十（**湖廣四，施南、散毛、忠建、容美，俱屬施州衛；四川三，永寧、酉陽、石砫；雲南三，南甸、干崖、隴川。萬曆中增置一，曰孟密**）。[112]

若衛（施州卫）之东南二百二十里為容美宣撫司。領長官司四：曰椒山瑪瑙，曰五峯石寶，曰石梁下峝，曰水盡源通塔平，後又增置盤順安撫司，皆與衛壤屬，而山川靡所考論。[113]

計開施州衛各土司兵：施南宣撫司土兵三千名，容美宣撫司土兵二千名，龍潭安撫司土兵五百名，散毛宣撫司土兵一千名，大旺安撫司土兵五百名，忠峒安撫司土兵五百名，忠孝安撫司土兵五百名。[114]

天启三年（公元 1623）

忽于三月初九日，（戴君恩）具稟到臣云湖廣容美宣撫司土官田楚産勃勃技癢，求臣（朱燮元）發檄調之赴援，仍自任荆廬之間，括餉以給。[115]

崇祯十二年（公元 1639）

田元（原名田玄，为避清康熙皇帝『玄烨』之名，清代部分史籍亦做『元』或『玹』）字太初，號墨顛，楚産長子，愛民卹鄰。忠峝田桂芳，施南田懋粢，東鄉田繩武，諸土司皆得其扶持力。於桑植向一貫捐宿隙而卹其子，人尤偉之。闖、獻寇起，從征助餉，晉授宣慰使，加太子太保後軍都督府。崇禎十二年，上疏言：『六月間，穀賊復叛，撫、按兩臣調用土兵，臣即捐行糧戰馬，立遣土兵七千，令副長官陳一聖等將之前行。悍軍鄧維昌等憚於征調，遂與譚正賓結七十二村，鳩銀萬七千兩，賂巴東知縣蔡文陞以逼民從軍上報，阻忠義而啓邊釁。』朝廷命撫按核其事，而時事日非矣。元天性忠義，燕京失守，其甲申除夕詩有『矢志終身晉，難忘五世韓』及『何事都門下，猶多不罷官』等句。時大清正朔未及，洪光時，元猶以蠟丸奏事，一時避寇氛者如彝陵文相國、松滋伍計部數十輩，多挈眷相從，館餐不倦。其華陽諸藩及華容孫中丞之避居九、永諸衛者，不時存

111（清）郭敦祐等：光緒《長樂縣誌·卷4·沿革志》，《中國地方誌集成·湖北府縣誌輯》第54冊，江蘇古籍出版社，2001年，第170、171頁。
112（清）顧祖禹：《讀史方輿紀要·卷9》，中華書局，2005年，第398、399頁。
113（明）徐學謨：萬曆《湖廣總志·卷6·方輿志五·施州志》，明萬曆十九年刻本，施州志第7頁。
114（明）李化龍：《平播全書·卷8·行荊南道調施州兵》，清光緒畿輔叢書本，第694頁。
115《明熹宗七年都察院實錄·天啟三年五月二日》，《明實錄》，1962年，第553、554頁。

問。隆武二年卒（公元 1646），年六十有五，誥封龍虎將軍，賜祭六壇。[116]

崇禎十三年（公元 1640）

正月，楚師敗績於麻、黄，嗣昌歸獄於撫臣方孔炤，詔命逮治。以荊南宋一鶴代之楚制府，鎮上游兵多下游稍薄，而撫臣自以護陵為重，分漢南屬治臣王鰲永，調容美土司增當陽、遠安，戍以備荊州。[117]

崇禎十四年（公元 1641）

明嘉靖間，連天關巡檢王得仁因容美土舍田九龍殺擄邊民具本上奏，一巡检耳，乃得以彝情入告。今州縣正官間以政務白兩臺，而當路不曰瀆詳，則曰越申矣，古今之不同如此。红砂堡之設，始建議者譚萬朝，踵而成之者鄧天益，請復於被侵之後者，鄧、譚、黄諸人。萬朝奏於嘉靖十三年，天益一奏再奏，至嘉靖四十年乃有定議。而百户常春後為土舍田九龍所逐，天啟而下，後二都悉爲蠻業。鄧、譚、黄等奏請捐復關堡，在崇禎十四年，行勘未結而明亡。[118]

天啟、崇禎年間

田楚產，字子良，號郢陽。九龍嫡長孫，父名宗愈，先是九龍以年老，為宗愈請給冠帶，攝事未幾，病卒。九龍又為楚產請給冠帶，以備承襲，而年益髦，其庶長子宗元糾弟宗愷等，控於上臺，誣宗愈庶出，楚產非嫡長孫。納賄夤緣，雖有田楚皋、田大玉等，不避榜掠，力為爭辯，終不能解。楚產携妻子出亡忠峝十餘年，及九龍卒，宗元為衆憤所戮，宗愷亦死，上臺乃檄楚產回司襲職。為人言笑不苟，多善政，惟構爭時，宵小乘閒攘竊，帑藏告詘，急於賦斂。一日飲舍人家，為叛奴所戕。年五十一。[119]

啟禎之際，武備日弛。容美宣撫司田紘越占後二都，覃守儒等各排年編賦一千有奇。邑人鄧繼昌等奏行撫按，檄委興山知縣曹元功、巴東知縣謝上官前往會勘，而土人聚衆咆哮，射死弓兵陳士奇，不容渡江，當道不能制，明亦尋亡。[120]

崇禎間調桑植宣慰向暹率兵赴彝陵協剿流冦，又調茅岡司，天平千司所覃明征容美。[121]

譚正賓，本縣人，慷慨好義，為里中所重。崇禎末年，容美土司乘鼎革之變，屢為邑患。正賓集里中豪傑共相防禦，會土人為浮橋於清江。既渡，正賓奮勇大破之，土人敗走，忽水漲橋沒，土人溺死者千餘。容美大憾，陰使人刺殺之（**嗣後土人益横，焚掠無虛日矣**）。[122]

116（清）吉鐘穎等：道光《鶴峰州志·卷 1·沿革志》《中國地方誌集成·湖北府縣誌輯》第 45 冊，江蘇古籍出版社，2001 年，第 354 頁；（清）張廷玉等：《明史·卷 310·傳一百九十八·土司》，中華書局，1974 年，第 7991 頁中亦有類似記載，囿於篇幅，不再贅述。
117（清）吳偉業：《綏寇紀略·卷 7》，文淵閣四庫全書本，第 222 頁。
118（清）廖恩樹修、蕭佩聲纂：同治《巴東縣誌·卷 16·志餘》《中國方志叢書·華中地方》第 343 號，成文出版社，1975 年，第 862、863 頁。
119（清）吉鐘穎等：道光《鶴峰州志·卷 1·沿革志》《中國地方誌集成·湖北府縣誌輯》第 45 冊，江蘇古籍出版社，2001 年，第 354 頁。
120（清）廖恩樹修、蕭佩聲纂：同治《巴東縣誌·卷 9·兵防志》《中國方志叢書·華中地方》第 343 號，成文出版社，1975 年，第 563、564 頁。
121（清）周來賀撰：同治《桑植縣誌·卷 3·武備》《中國方志叢書·華中地方》第 292 號，成文出版社，1975 年，第 281 頁。
122（清）廖恩樹修、蕭佩聲纂：同治《巴東縣誌·卷 13·人物志》《中國方志叢書·華中地方》第 343 號，成文出版社，1975 年，第 659 頁。

容美欲奪後二都地而無辭，乃巧爲軍屬土司、賦屬有司之説與（輿）望，數年來以文移旗皷相當者，止此二語耳。明崇禎間田紘有刁軍畏調之奏，方欲舉後四都而軍之，况其所入假之後二都乎？考興山令曹元功、巴東令謝上官會詳，內稱：『田世爵孫田紘，不守定分，妄思狂逞，擅將後二都里排覃守儒等十三族攘為己有，授以冠帶，充為舍把。里下之人土盡被脅占，乃復誣鄧、譚、柳、陳等，降為蠻軍。夫鄧、譚、柳、陳等卽后里之民，心懷忠孝，誓死靡他。而紘何得以「軍」之一字誑瀆天聽？』為（之）嗚乎！此固其誣民為軍之始，而覃守儒等是民非軍從可知矣。[123]

建始舊編坊郭、太安、長受、景陽、新隴、永福、革塘凡七里。明季流氛荐禍，容美土司乘機肆虐革塘等里，在清江河以南，皆被侵擾，縣中絕人煙者十數年。[124]

田圭，字信夫，容美土司田舜年叔祖。沈重喜學，好賓客而耽文雅，常總攝容美內外諸務，買管今邑屬之白鹿莊，詩酒娛情，與其子珠壽，各有詩集，經鐵菴文相國安之、華容平子嚴首昇評點，田舜年集之爲一家言。[125]

清朝（公元1636～1911）

順治四年（永历元年，公元 1647）

丁亥五月，一隻虎卽李過，闖賊愛將，後降福王賜名赤心者，始率十三家餘燼入衛地肆屠掠，與土司戰於城南，大破之，遂移營容美。戊子（顺治五年），自容美轉屯施南司。[126]

田霈霖，字厚生，號雙雲，元長子。年二十補澧州博士弟子，尋改長陽學。父元隨征立功，霈霖貲襄之力居多。晉授容美等處軍民宣慰使，加太子太保、榮祿大夫，後軍左都督，賜蟒玉，正一品服色。後冦氛益熾，縉紳之避難者，霈霖待之一如元時，嘗遣千戶覃應祥，間道赴閩粵行在陳方略。無何，殘冦一隻虎由清江竄入，霈霖不及備，遂受其蹂躪。不一年，憂憤以卒，年三十有九。[127]

桑植宣慰司，本慈利縣地。元有上桑植、下桑植宣慰司。明置安撫司。清順治四年，宣慰司向鼎歸附，授原職。鼎子長庚調鎮古州八萬。長庚子向國棟殘虐，與容美、永順、茅岡各土司相仇殺，民不堪命。[128]

順治十年（永历七年，公元 1653）

（五月庚寅）各處土司，已順者加意綏輯，未附者布信招懷，務使近悅遠來，稱朕誕敷文德至意。功成之日，優加爵賞，俟地方既定，善後有

---

123 （清）廖恩樹修，蕭佩聲纂：同治《巴東縣誌・卷 16・志餘》，《中國方志叢書・華中地方》第 343 號，成文出版社，1975 年，第 864、865 頁。

124 （清）袁景暉等：道光《建始縣誌・卷 3・戶口志》，《中國方志叢書・華中地方》第 326 號，成文出版社，1975 年，第 238 頁。

125 （清）聶光鑾修，王柏心纂：《宜昌府志》，清同治四年刻本，第 1001、1002 頁。

126 （清）松林修，何遠鑒撰：同治《施南府志・卷 18・武備》，《中國方志叢書・華中地方》第 328 號，成文出版社，1976 年，第 927、928 頁；（清）黃世崇纂修：光緒《利川縣誌・卷 10・武備志》，《中國地方誌集成・湖北府縣誌輯》第 58 冊，江蘇古籍出版社，2001 年，第 75 頁中亦有類似記載，囿於篇幅，不再贅述。

127 （清）吉鐘穎等：道光《鶴峰州志・卷 1・沿革志》，《中國地方誌集成・湖北府縣誌輯》第 45 冊，江蘇古籍出版社，2001 年，第 355 頁。

128 趙爾巽等撰：《清史稿・卷 512・列傳二百九十九・土司一》，中華書局，1977 年，第 14215 頁。

人，即命還朝，慰朕眷懷。應給敕諭印信，作速撰鑄給與，即傳諭該部遵行。[129]

順治十二年（永历九年，公元 1655）

田既霖，字夏雲，元次子。年十四補長陽博士弟子，以兄霈霖無子襲職，時大清定鼎七八年矣，諸殘冦降明者，荆侯王光興等十餘家，窮蹙竄西山，借明朝為名，徵糧索餉，施、歸、長、巴之間，受其擾害。乙未歲（顺治十二年，与正史记载相矛盾）既霖投誠，我朝晉授容美等處軍民宣慰使司宣慰使，加少傅兼太子太傅，賜蟒玉，正一品服色。丙申年卒（顺治十三年），年三十有八。[130]

順治十三年（永历十年，公元 1656）

（六月辛丑）寧南靖寇大将軍阿爾津等奏報，湖廣容美宣慰使司土司田吉麟（田既霖）以所部兵二萬，繳印投誠。上嘉獎之，命所司速叙。[131]

十三年，王洸興兵駐劄後里，招聚流民，刼掠容美，建人多從之，後見官軍勢逼，遂遁施州衛。[132]

順治十四年（永历十一年，公元 1657）

光興既遁入施州衛，□（同治版巴东县志可见『於』）是體純、（笪）天保遣其將劉□□（同治版巴东县志可见『應昌』）等四人，將鋭卒二千渡江（清江）。晝伏夜行，不四日抵容□□（同治版巴东县志可见『美，擄』）田甘霖及其妻子以歸，遂盡逐江南民北渡，時順治十四年正月也。容美以金銀数萬贖甘霖，乃復遣還。[133]

康熙七年（公元 1668）

大中丞林公批

巡撫湖廣等處地方都察院右副都御史林批，據巴東縣申，爲照額丈量無虚國賦事，奉批漢土邊疆尺寸，難容紊越。巴東、容美地雖相連，漢土各别，野三、連天兩關，紅砂一堡，舊基現存，輿圖難改。何物容美蟻弁，借名開荒，欲以漢人爲土民，漢地爲蠻業，不軌實甚。且稱戈犯順，屢諭不息，獨不思水西、烏巖（应为『烏撒』，指平定于康熙四年的贵州水西安坤、乌撒安重圣土司叛乱）之前竪不遠，該弁不及兩土之一舍把耳，何自取犁掃之禍乎？仰布政司卽行查明嚴飭，務遵漢土舊制，永保身名。如敢仍前不悛，攙越疆界，侵害新附殘黎，國法具在，斷不姑容，噬臍莫及，

129《清世祖實録・卷 75・順治十年五月庚寅》，中華書局，1986 年，第 596 頁。

130（清）吉鐘穎等：道光《鶴峰州志・卷 1・沿革志》，《中國地方誌集成・湖北府縣誌輯》第 45 冊，江蘇古籍出版社，2001 年，第 355 頁。

131《清世祖實録・卷 102・順治十三年六月辛醜》，中華書局，1986 年，第 791 頁；趙爾巽等撰：《清史稿・卷 35・本紀五・世祖本紀二》，中華書局，1977 年，第 146 頁中亦有類似記載，囿於篇幅，不再贅述。

132（清）熊啟詠纂修：同治《建始縣誌・卷 1・方輿志》，《中國地方誌集成・湖北府縣誌輯》第 56 冊，江蘇古籍出版社，2001 年，第 27 頁；（清）袁景暉等：道光《建始縣誌・卷 3・武備志》，《中國方志叢書・華中地方》第 326 號，成文出版社，1975 年，第 279 頁中亦有類似記載，囿於篇幅，不再贅述。

133（清）齊祖望等：康熙《巴東縣誌・卷 3・事变》，《故宮珍本叢刊・湖北府州縣誌》第 4 冊，海南出版社，第 360 頁；（清）廖恩樹修、蕭佩聲纂：同治《巴東縣誌・卷 9・兵防志》，《中國方志叢書・華中地方》第 343 號，成文出版社，1975 年，第 565 頁中亦有類似記載，囿於篇幅，不再贅述。

悔之晚矣，仍取該府縣回文繳，康熙七年四月日。[134]

康熙十三年（公元 1674）

康熙十三年正月，吳三桂反。容美土官田舜年遣人殺死紅砂堡防兵勾玉景、張大虎等。發兵迎賊，邑旋被陷。十八年四月，官兵收復巴東。[135]

張彤弨襲安撫使司（五峰安抚使）。康熙甲寅年（康熙十三年）容美土司田舜年利其世爵，舉兵擄之，並其子宏道、其叔祖嗣謙與叔彤廷及百姓人等入於伊司。同水濜（水盡源通塔平）唐繼勛、石梁（石梁下峒）唐公廉共滅之。將嗣謙與彤廷禁錮於彭家灣，後事容美，又擄其外祖劉思遠與水濜唐世隆，亦禁於彭家灣。[136]

康熙十四年（公元 1675）

田甘霖字特雲，號鋏峯，元三子。年二十補博士弟子。以兄既霖無子襲職。殘明降寇之為勳鎮者，籍容美奉本朝正朔為口實，阨之於皖國公劉體純營中。督部李蔭祖奏聞，奉世祖章皇帝恩旨，有田甘霖能否脫歸星遠奏聞之論，後多方解險，棲遲澧陽者四年乃歸任事，凋殘之餘，經營安集，並創立學宮。康熙間吳逆竊叛，脅授偽命。乙卯年（康熙十四年）卒，年六十有三。[137]

康熙十九年（洪化二年，公元 1680）

咨移明古制

康熙十九年七月移　齊祖望

巴東縣爲貝錦，有駭聽聞。原委不容不白，有關世土人民，煩乞查照，以垂畫一事准容美司移前事，准此爲照。貴司與敝邑以地界相爭者，自明季以來至於今日，幾無甯晷。本縣蒞任後，備查舊案并閱地圖，固已畧知其概，不得不援情上達，乃守土之職宜然，在貴司，自不容以滋事見訝也，大移云（土司田舜年）：『本司所屬建始半縣及巴、施、長、宜、石、慈等縣衛，多者一里，少者半里，再少者幾戶。所謂軍屬容美，賦屬有司，命官設職軍民二字所由來矣。』等語。本縣以爲，此貴司過計也。今直省各府州縣衛皆一體納稅承徭，尚有一定不可越之界，況漢土之際，豈容牽混。而貴司以各縣衛之屬地認為世土，指為舊制，豈有世土而仍編里分甲，輸差納賦於各縣衛者乎？恐舊制斷不若是之錯襍，不可訓也。夫貴司自有賦，各縣衛不得過而問焉，各縣衛自有民，貴司乃攘而取之。議者遂謂貴司擅侵天子之內地，迫版籍之民以實伍，陰為富強之計，漸生侈大之心，非貴司所以避嫌而遠害也。且貴司亦嘗繹賦字之義乎？賦以地起，夏稅秋糧是也；賦以丁起，三等九則是也；賦屬有司，則土地人民皆屬有司，催科撫字皆屬有司，而貴司風馬牛不相及也。庖人雖不治庖，尸祝不越樽俎而代之，所稱縣令移文，貴司印解，勿亦事之所莫須有，而情之所可笑者乎！

134（清）聶光鑾修、王柏心纂：《宜昌府志》，清同治四年刻本，第 768、769 頁。

135（清）齊祖望等：康熙《巴東縣誌・卷 2・兵防》，《故宫珍本叢刊・湖北府州縣誌》第 4 冊，海南出版社，第 332 頁；（清）廖恩樹修、蕭佩聲纂：同治《巴東縣誌・卷 9・兵防志》，《中國方志叢書・華中地方》第 343 號，成文出版社，1975 年，第 565 頁中亦有類似記載，囿於篇幅，不再贅述。

136（清）郭敦祐等：光緒《長樂縣誌・卷 4・沿革志》，《中國地方誌集成・湖北府縣誌輯》第 54 冊，江蘇古籍出版社，2001 年，第 306、307 頁。

137（清）吉鐘穎等：道光《鶴峰州志・卷 1・沿革志》，《中國地方誌集成・湖北府縣誌輯》第 45 冊，江蘇古籍出版社，2001 年，第 355、356 頁。

大移云：『紅砂堡在本司咫尺之内，巡檢之設，不知始於何時。』又云：『康熙十一年以後，偽將軍王鳳岐不問錢糧完否，動以清邊為說，安堡安塘，本司亦聽之不轂（較）。』等語。查連天關巡檢設於明初，本朝因之，現今部選有員，而紅砂堡，貴司固已明言，王鳳岐於十一年内安設塘兵，則本縣之申請，上台之移行，並非無據而為之矣。至於王鳳岐在十三年後，貴司為偽承恩伯時，乃始從逆，受將軍之職。其先固本朝遊擊也，紅砂堡是其汛守，清邊安塘是其職分，貴司又孰得而禁之。大移云：『今閱道批，令堡官復汛。彝鎮徵兵，本司何敢贅詞，但恐蠻民難馴，終久必為滋事，有負上憲懷來之盛意。』等語。本縣閱之，不勝駭異，謂貴司不應出此不臣之語。巳（已）乃發笑，此貴司故作大言，以恐駭各上台并本縣耳。貴司如自愛，必不爲此。貴司自料地廣兵强，孰若吳三桂、耿精忠今二人者何如哉？貴司倘或不戢士卒，屠朝廷之版民，犯朝廷之命吏，天子一旦赫然震怒，大張撻伐，命督提大臣以偏師壓境，徵兵於鄰近各土司，四面夾擊，各土司素憤貴司蠶食之苦，又重以天子之命，必將羣起而甘心焉！快一朝之忿，失累世之基。受叛國之名，取亡家之禍。故本縣以爲，貴司如自愛，必不爲也。大移云：『貴縣之意，似欲安塘設官，與本司無涉，翻千百年未有之新案，則是本司無犯朝廷，而有追土削地之事。』等語。是貴司必欲以各縣衛之屬地為世土也。但不知貴司何功於朝廷，而有益地之封！朝廷何負於貴司，而有侵地之恥？又不知軍屬於土，賦屬於漢，有無會典可稽？是否成案可致，而貴司堅執不移，如此本縣所大惑也。至所云：『朝廷之王土，本司何人擅敢冒認，天理良心，國法難欺。』等語。貴司之言及此，民社之幸也，本縣不復贅詞，但願貴司將此語見諸實事，無托諸空言，則各縣衛必免侵蝕之虞。貴司必享綿長之福，子子孫孫，勿替引之矣。本縣與貴司忝在鄰封，有同舟之誼，故敢反覆開陳，不自知其言之直也，惟貴司察而宥之。[138]

康熙二十年（洪化三年，公元 1681）

披陈忠赤疏

康熙二十年，容美宣慰司田舜年。

竊臣世代封襲源流，併臣父甘霖鞠躬盡瘁，終於王事，無容再瀆。在臣父子世受國恩，銜結圖報，義不容辭。然懋官懋賞之典，載在經史，所以柔遠能邇，為統禦萬方之畧。臣故冒昧妄瀆，以請格外恩賜，使殊方異俗，知臣首倡懞恩，因之慕義向化，稽首天朝也。蓋自吳逆叛阻，臣憤裂五内，誓天日，盟屋漏，志切捐軀。一聞大兵南渡，卽遣長子管總兵事都督僉事臣田炳如，胞弟管中軍副總兵戎旗營事臣田慶年，同心戮力，統兵殺賊。臣親率文武部落四十餘處，勦殺防禦。及王師臨澧州，臣卽將吳逆給臣偽『都統承恩伯』銀印一顆，偽諭一道，繳送軍前，非觀望後至者可比。斯表臣精白無二之忠悃，業蒙將軍部院蔡毓榮密題在案。經今三載，未蒙聖恩垂憐孤忠，加授敕印，以□臣節，臣又不得不仰天泣血哀鳴矣。況臣歸誠繳印以後，四外賊黨恨臣入髓，聚謀叛殺。臣駐札楚蜀咽喉，北通川夔，南接滇黔，密邇寇仇。數年以來，大義名號，兵不解甲，馬不卸鞍，食不下咽，率衆堵截，不費朝廷一矢一粒，至於焚札殺使種種守節事，難悉數。臣力已竭，臣心已白，臣節已全，今恢復蕩平，正賞罰惟公，黜陟攸明，激揚萬方，風勵羣臣之日。誠恐天高日遠，萬里孤臣，世效犬馬，一腔葵赤，無由上達。謹齋沐繕疏，北向叩首，特遣中營副總兵官田鼎賚奏，匍匐陳情，以干天聽。伏查《中樞政考》内載：『土司投誠之後，能殺賊拒逆，平定地方者，許該督撫具題，優加陞賞』等語，向逆賊給

138 （清）廖恩樹修、蕭佩聲纂：同治《巴東縣誌·卷 15·藝文志》，《中國方志叢書·華中地方》第 343 號，成文出版社，1975 年，第 765 ~ 772 頁。

臣僞『容美都統承恩伯』，臣何敢請。臣所請者，臣之先世，在晉、在唐為永安侯，在宋為都尉，在元為容美五路軍民都總管府，在明則為容美等處軍民宣慰使，既又改為容美等處軍民宣慰招討都使司。晉唐遠不可考，如元如明，亦如周監於二代，稽古柔今。俾臣得蒙殊恩，在朝廷示懷柔之大典，在微臣握鈐束之職掌，相率傾心，萬方來同，矢死靡他。上以報皇上如天之仁，下以貽子孫世守之忠。伏乞勅部，格外優加容美等處軍民招討都使司之職，換給勅印，臣粉身碎骨，難報高天厚地之恩。至於各屬部落，亦隨臣捍禦馳驅，不避險，不畏死，著有勞績，其印信亦懇給換，以鼓忠義。矧土司官弁，不支俸糧，祇加勅印，以收實效。且我皇上不吝爵賞，破格超級禮遇功臣，招徠遠方，必不獨靳惜於倡義，率先報國之微臣也。謹將臣宗圖並各官清册造送兵部外，謹密具奏，字多逾格，貼黃難盡。伏祈睿鑒全覽，勅部議覆施行。不獨臣世世焚頂，而合屬俱感激天恩無極矣。臣無任瞻天仰聖，激切待命之至。[139]

大中丞王公檄

巡撫湖廣等處地方兼提督軍務都察院右副都御史王爲申明漢土界限事。照得紅砂堡等處是漢是土。先經本部院申飭該土司，俟弔取《巴東縣誌》及《荆州府總誌》勘明，查奪在案。茲於本年七月二十二日，據巴東縣、申賫縣志前來查閱，縣志開載巴東故無衛所軍屯，其深林箐洞，頑民易以爲奸。又當楚諸土司接壤，大江艘艦建瓴而下，爲荆楚扼吭拊背之計，何可去兵？洪武初，邑西南五百里距夔州、容美宣撫司二十里許，設連天關巡檢司，巡檢一員、弓兵一百名，皆駐劄關隘，防守諸彝出入，爲民保障。嘉靖四十年，後一都民鄧天益奏，於邑西南五百里金谿口設立紅砂堡，撥遠安所千户一員、旗軍五十三名防守等語。及查荆州府申賫總志，内亦備載明晰，與縣志無異。是紅砂堡、連天關等處，向來原設有官有兵，爲漢地而非土境也，明矣！今於紅砂堡等處設兵駐守，不過遵循舊制，原非創舉，而該土司從前謂不當於彼處設兵駐守，不亦狂悖乎？今本部院查明府縣志書，所有紅砂堡、連天關等處是漢非土緣由，合行飭知，爲此票。仰該土司即便遵照，嗣後務須恭順安分，守爾土業，毋得再肆爭端，嘵舌鼓唇，妄行狂吠，自取咎戾等因。除行容美土司田舜年並咨會督偏都院及提督彝陵鎮外，合併飭行爲此牌，仰該縣官吏即便一體知照施行。康熙二十年八月日。[140]

康熙二十一年（公元 1682）

恭報頒到印信疏

康熙二十一年，容美宣慰司田舜年。

臣於本年四月十二日，蒙綏遠將軍頒到臣宣慰使司印信，卽率臣屬各官出郭迎接至署，恭設香案，望闕叩首謝恩，任事訖。此皇上天恩隆厚，臣子孫世及之榮幸也。獨臣有干冒天顔，急呼請命者。臣父田甘霖受世祖章皇帝如天之德，加授少傅兼太子太傅左都督正一品，賞以裘馬、綵緞，及標下官員亦叨恩賞，頒給五營副總兵、安撫、長官、指揮、千百戶、知州、經歴等印信關防二十一顆。複蒙皇上加賜寵勅，臣父甘霖受恩思報，

139（清）郭敦祐等：光緒《長樂縣誌・卷 14・藝文志・奏疏》，《中國地方誌集成・湖北府縣誌輯》第 54 册，江蘇古籍出版社，2001 年，第 305、306 頁。

140（清）聶光鑾修、王柏心纂：《宜昌府志》，清同治四年刻本，第 769 頁。

矢志忠貞。無奈吳逆之變，臣父以受恩重臣，為賊首忌，追取印信，憤志告終。臣嗣守父任，每望天日，心在王室。所以於康熙十八年，一聞王師渡江，未至澧州，臣即閉關拒賊，遣員賫繳『容美都統司承恩伯』偽銀印一顆，并標下總兵、副將、參遊守、安撫、長官、指揮等偽印信四十顆，併偽書偽劄於大將軍順承郡王及本省督臣軍前。臣復招来隣右土司，力破其順逆之分。兩年守禦，賊寇環逼，無日不戰，擒斬未息。謹呈進取辰龍關末議，俱蒙順承郡王諭，獎拔在案。是臣一片赤心，非如逼迫歸誠，觀望自誤者可比。兩經督臣題請，俱蒙皇上天恩，勅部優議，止蒙議給宣慰印信與椒山安撫、備征百戶、長茅指揮四印，其餘俱未頒發。是以臣於康熙二十年有自呈一疏，蒙皇上勅部議奏，部議以臣所請祖職招討都使司，無此職銜，不便議給。復奉旨『這田舜年所奏，着行該督，將奏内勞績有無之處一并查明，具奏該部知道，欽此』。臣捧讀之下，感泣交至。無奈督臣提師雲貴，軍務孔殷，未嘗敘題。今臣雖受新恩，頒給宣慰印信，其如未嘗優異合無。仍仰天恩，下及邊陲之典。臣屬土司，不食俸，不支糧，唯冀國家寵榮，以遂其報國輸忠之志。茲荷皇上文武聖神，何所不照？臣之恩遇，在皇上格外綸音所加，則臣有生之年，皆報恩之日矣。至於臣屬各官，皆係世職，同臣一體，伏乞大沛覃恩，勅部議覆施行[141]。

（八月庚子）九卿議准土司田舜年請開礦採銅。上（康熙）曰：『開礦採銅，恐該管地方官員，借此苦累土司，擾害百姓，應嚴行禁飭，以杜弊端。』[142]

康熙四十五年（公元1706）

（石文晟）四十四年八月，擢湖廣總督。四十五年四月，疏劾湖北荊州府所屬之容美土司田舜年：『僭造宮殿，兇惡不法各欵，據附近土目向久忠等紛紛具控，備錄原詞，恭陳睿覽，請勅察究。』尋又疏言：『田舜年居心殘毒，行事乖張，若不繩之以法，恐夜郎自大，與各土司仇殺洩忿，滋擾邊隅。况側近紅苗，勦撫未久，宜彰國法，以懾苗情。今值田舜年來省謁見，令暫留候旨，不敢姑息養癰，致貽後患。』五月，疏言：『臣閱邸抄奉旨：「石文晟所奏，并所録各土司呈詞三摺俱抄錄，發與湖南巡撫趙申喬、湖廣提督俞益謨閱看，以爲何如，勿得相商，各出所見具奏。」仰見聖明詳慎至意，臣自應靜候睿裁。今復檢出田舜年從前叛從吳逆及投誠後逐年不法，原案備錄二摺附陳御覽。田舜年已發交按察司看守，請勅下兩撫臣、提臣秉公究審。』六月，疏報田舜年在省病故。時上已遣左都御史梅鋗、内閣學士二格會審，遂合疏請追革田舜年原職，以其所屬户口收入版圖。上復遣大學士席哈納、侍郎張廷樞、蕭永藻覆勘，還奏田舜年未曾僭造宮殿，其兇惡不法等事亦無實據。業經病故，其土職請以其子承襲。誣控之向久忠等應枷責移徙内地。石文晟不能詳察，草率具題，應降三级調用。詔從寬，以所降之級留任。先是文晟以疾乞解任，疏留中未發，四十六年五月，諭大學士等曰：『石文晟人極粗鄙，若爲土司而罷其職，似未得體，此疏既自行引疾乞罷，可允其請』，乃批發革任。[143]

（四月辛亥）湖廣總督石文晟摺叅容美土司田舜年私造宮殿，暴虐姦淫，不法各款。上（康熙）諭大學士等曰：『頃湖廣總督石文晟，劾奏土司

141 （清）郭敦祐等：光緒《長樂縣誌·卷14·藝文志·奏疏》，《中國地方誌集成·湖北府縣誌輯》第54冊，江蘇古籍出版社，2001年，第306、307頁。

142 《清聖祖實錄·卷104·康熙二十一年八月庚子》，中華書局，1986年，第53頁。

143 （清）鄂爾泰等：《欽定八旗通志·卷197》，文淵閣四庫全書本，卷内第16～18頁；趙爾巽等撰：《清史稿·卷264·傳五十一·張廷樞傳》，中華書局，1977年，第9926、9927頁中亦有類似記載；趙爾巽等撰：《清史稿·卷267·傳五十四·蕭永藻傳》，中華書局，1977年，第9971頁。囿於篇幅，不再贅述。

田舜年縱恣不法。昔吳三桂之亂，田舜年畧無舉動。即此一端，甚為可嘉。今石文晟有此劾奏，或因田舜年與地方官不協所致。其中恐有虛誣，此摺且暫停批發。』[144]

（四月）丙辰，湖廣總督石文晟疏言：『容美司土司田昞如，乃貪庸惡劣，被糸革職拿問之人。今據桑植宣慰司土司向長庚詳稱，田昞如主僕二人，逃在伊處。及臣屢次檄行解審，而土司向長庚竟不將田昞如起解，反捏稱田昞如卧病，不能前往。至原任土司田舜年，既將伊子田昞如題糸革職，理應將伊子正妻所生長孫申詳襲職。今該土司報稱，康熙四十年已將長孫田宜男名字報部，其時田宜男年方十二歲，不久病故。因田宜男名字乃祖父所命，不忍改易，故將次孫仍名田宜男，今實七歲，如關送確實年歲，恐部駁查。據此，田舜年明有欺隱誑報之罪。』上諭大學士等曰：『石文晟前劾土司田舜年，何不同此摺一併具奏，乃作兩次糸劾。又摺內不言兩巡撫，專請交提督審問，此必有故……爾等將前後奏摺及土司呈詞，抄發湖南巡撫趙申喬、湖廣提督俞益謨，令其不必會同商議，各出己見，作速具奏。』[145]

（五月壬申）原任容美土司田舜年疏言：『臣暮年始生子田昞如，愛惜太過，不知其惡，是以題請承襲土司。而田昞如襲職之後，惡跡盡露。臣乃摘田昞如土司之印，拘禁之。一面申詳督撫，一面題糸革職。後奉聖旨，准田宜男承襲。有臣讐家桑植宣慰司宣慰使向長庚，誘田昞如逃往伊處，又揚言送往容美為土司，恐嚇臣屬下人，其子又年幼，不能鎮定，人心猜疑。屬下土司軍民俱恐田昞如報讐，紛紛告請，將臣第三子田曜如為土司。臣赴省見總督申說情由，總督即以臣為與向長庚互訐，違悞欽案，交司道官，將臣看守。祈皇上俯憐，准以土司之職，使臣第三子田曜如承襲，審究向長庚藏匿要犯之情，以肅法紀。』得旨：『此事作速發往，問趙申喬、俞益謨』。[146]

（六月癸巳）偏沅巡撫趙申喬、湖廣提督俞益謨遵旨覆奏，容美司土司田舜年不法各款，請命大臣往審。得旨：『著督察院左都御史梅鋗、內閣學士二鬲前往察審。』[147]

（六月）戊申，湖廣总督石文晟疏言：『原任容美司土司田舜年來省，臣令藩臬二司暫行拘留，隨因中暑病故。又查田舜年降逆賊吳三桂時，以其印繳吳三桂。及投誠後，於康熙二十年鑄印頒給。今騐其印，乃康熙元年所鑄。其中情弊，難逃聖鑒。』得旨：『此兩事俱發梅鋗等，一併察審具奏。』[148]

（九月癸未）先是湖廣總督石文晟疏糸容美司土司田舜年一案，上命都察院左都御史梅鋗、內閣學士二鬲，前往會審。至是，梅鋗奏稱：『原任容美司土司田昞如，酷虐事蹟俱有証據，應革職。桑植宣慰土司向長庚，抗匿田昞如，應降四級留任。已故容美司土司田舜年，出征苗子，捏病規避各款，俱有証據，應追革田舜年職。至田舜年私造宮殿、淫亂各款，俱無証據，應毋庸議。田昞如土司員缺，應將田昞如子姪中擇一人承襲。湖

144《清聖祖實錄·卷225·康熙四十五年四月辛亥》，中華書局，1986年，第260頁。
145《清聖祖實錄·卷225·康熙四十五年四月丙辰》，中華書局，1986年，第261頁。
146《清聖祖實錄·卷225·康熙四十五年五月壬申》，中華書局，1986年，第262、263頁。
147《清聖祖實錄·卷225·康熙四十五年六月癸巳》，中華書局，1986年，第264頁。
148《清聖祖實錄·卷225·康熙四十五年六月戊申》，中華書局，1986年，第265頁。

廣總督石文晟等奏稱，田舜年所屬之人唐世甲等控訴田舜年父子俱不善，我等情願納糧當差，應否將其土地人民入我版圖，伏候上裁。』學士二鬲奏稱：『案内有名容美土司二十餘人，俱未赴審，故未經質審之處甚多。田舜年治病醫生及檢屍知縣洪國柱俱未到案。田舜年身死尚未明白，倘草率結案，則土司之心不服。』奏入，下九卿詹事科道会議具奏。[149]

（十月壬寅）命大學士席哈納、吏部右侍郎张廷樞、兵部右侍郎蕭永藻前往湖廣，察審容美司土司田舜年一案。[150]

（十月丁未）大學士席哈納、吏部侍郎張廷樞、兵部侍郎蕭永藻等，為往審土司田舜年事，請訓旨。上諭曰：『田舜年一事，關係土司，並於地方總督、提督亦有關係。若不究其本末，辨其是非，則衆心不服。爾等到彼，可與前次遣往都御史梅鋗、學士二鬲詳加研審。如總督理虧，則罪坐總督。如土司理虧，則罪坐土司。惟公平，則人心自服。爾等須出示曉諭衆土司，若彼果有冤枉，許其陳訴，爾等收呈詳審，窮詰根柢。如無冤枉，而欽差大臣至彼地，提人不解，反固守關隘，不納公差，此特欲反耳，竟發荆州大兵立勦之。不可持兩端，苟且結案也。總督糸田舜年事，極其狠毒，今又欲草草完結，何以服人心。九卿並不據大體立議，首鼠兩端，愈非理矣。爾等前去，若不能辨明此事，則於爾等聲名，亦大有關係也。』[151]

湖廣總督石文晟劾容美土司田舜年不法，命左都御史梅鋗、内閣學士二格（鬲）往讞，與文晟異議；復命永藻與大學士席哈納、侍郎張廷樞覆讞，還奏舜年已死，無諸僭越狀。[152]

康熙四十六年（公元1707）

（正月乙亥）革都察院左都御史梅鋗職，以審湖廣土司田舜年一案回奏不實故也！[153]

（二月辛亥）兵部等衙門議奏：『大學士席哈納等察審土司田舜年一案，疏稱：「原糸田舜年僭越淫縱等款俱虛，應毋庸議。其假捏幼孫年歲，造册報部，希圖承襲，又私將伊子田昞如（原田舜年第三子）冒原任石梁土司田焜之名襲為土司，及鑄錢、擅殺等款俱實，應治罪，但已經身故，亦毋庸議。至向久忠等捏詞控告，應枷責僉妻，安插内地。革職宣慰司土司田昞如暴戾虐民，抗不赴審，應枷責僉妻，安插内地。桑植宣慰司土司向長庚隱匿田昞如，不解聽審，應降四級留任。總督石文晟不行詳察，草率具題，應降三級調用。巡撫劉殿衡、趙申喬、提督俞益謨，將奉旨審理事件不行詳察具題，應各降一級，罰俸一年。」俱應如所題，其承襲容美司土司之職，應將田舜年之子田旼如（旻如）、田曜如、田暢如、田映如等開列伏候上裁。』得旨：『石文晟著降三級，從寬留任，容美司土司著田旼如承襲，餘依議。』[154]

149《清聖祖實錄・卷226・康熙四十五年九月癸未》，中華書局，1986年，第271頁。
150《清聖祖實錄・卷227・康熙四十五年十月壬寅》，中華書局，1986年，第274頁。
151《清聖祖實錄・卷227・康熙四十五年十月丁未》，中華書局，1986年，第275頁。
152 趙爾巽等撰：《清史稿・卷267・傳五十四・蕭永藻傳》，中華書局，1977年，第9971頁。
153《清聖祖實錄・卷228・康熙四十六年正月乙亥》，中華書局，1986年，第283頁。
154《清聖祖實錄・卷228・康熙四十六年二月辛亥》，中華書局，1986年，第291、292頁。

康熙五十二年（公元 1713）

康熙伍拾貳年，土官田旻如狂妄驕倨，經左都御史趙恭毅公諱申喬糸奏，復蒙原宥。乃旻如怙終不悛，罪惡益甚，自取覆滅。[155]

康熙年間

永順、保靖、桑植、容美為四大土司，而容美最强。桑植接容美，亦能敵之，後乃結好。向國棟之恣睢，亦效田旻如而然。旻如逆父，國棟戕兄，其覆宗宜也。縣西北一百二十里有大巖屋，寬布數十厝，石壁有墨書『山高水長，億萬斯年』八大字。相傳容美、桑植二土司尋盟於此，書之。[157]

康熙初，縣爲劉體純等所據，干戈擾攘，全境成墟。迨諸寇削平，餘孽未盡，寄邇巫建之間。而容美土司又時復出没爲害，齊君外謀防禦，內營安輯，艱難剏置，殆有百倍於今者。[158]

平山萬全洞碑記

（土司）田舜年**（九峯）**

平山，容陽□大保障也。昔文相國（南明宰相文安之）銕菴寓此有年，稱不容口。其山四圍峭壁，寬廣縱横可百里，東西南北有四關，所謂一夫當關，萬夫莫往之地。南關保安橋，飛虹天半，又八峯十景之一也。創自先曾祖郢陽公，今東關古城，是其經始遺堞。

155（清）毛峻德纂修：乾隆《鶴峰州志・卷上・沿革》，《故宮珍本叢刊・湖北府州縣誌》第 5 冊，海南出版社，第 10 頁。在（清）吉鐘穎等：道光《鶴峰州志・卷 1・沿革志》，《中國地方誌集成・湖北府縣誌輯》第 45 冊，江蘇古籍出版社，2001 年，第 355 頁中亦有類似記載，囿於篇幅，不再贅述。

156《康熙皇輿全覽圖》於康熙四十八年（公元 1709）由康熙帝下令編繪，比例為四十萬分之一。康熙五十八年（公元 1719）首次印行銅版圖。

157（清）周來賀撰：同治《桑植縣誌・卷 8・雜識》，《中國方志叢書・華中地方》第 292 號，成文出版社，1975 年，第 489、490 頁。

158（清）廖恩樹修、蕭佩聲纂：同治《巴東縣誌・續修巴東縣誌序》，《中國方志叢書・華中地方》第 343 號，成文出版社，1975 年，第 20、21 頁。

康熙五十八年（公元 1719）《皇與全覽分省圖之湖廣輿圖》[156] 中容美土司及周邊區域地形圖

先祖太初公，造廳事數楹於橋之東偏，至大伯父雙雲公，時值闖、獻肆訌，不信文相國之謀，以致張皇遠避。及事後，始痛定思痛，而大修其城，即今東關之新城也。雙雲公即世，二伯父夏雲公僅遵成事，迨先少傅公乃稍修理之。自夏雲伯與先少傅兩任間流賊竄擾，歲歲用兵，皆以天泉為根本。蓋天泉小而平山大，天泉數人可守，平山非土軍數百，莫能布置，而不知平山之下有萬全一洞也。洞初名何家洞，萬全則予修葺所名也。予為兒時，隨夏雲伯往來天泉，道中見洞圓廠如畫，竊思一遊，未果。自乙卯（康熙十四年）承緒後，鑒於先少傅公去天泉而移黃鸞鎮，致有闔司入於劉營之變。於是一意以天泉為肯構，以九峯為司治，而更葺萬全洞焉。始入洞時，中皆大石填塞，平地僅二丈許，為土民屯守之所予相其勢可開闢也，遂於去洞咫尺之新坪始葺署舍環列四市，以定其基。舊稱洞中無水，僅仰汲山巖上涓滴，然非無水也，水皆由石中行也。盡起其石築為城臺，而泉流如注矣。予自癸亥春移居新坪，在洞經理日多至丁卯之冬守禦既固，亭閣亦稍稱完備。每當日月照耀，雲霞捲舒，覺山川草木蔚然深秀，遊其間者，莫不嘆為物外巨觀，而豈知良工心苦。籌所以緩急可恃者非一朝一夕之故耶？夫山間之洞不少，而萬全有平山為之表，平山得萬全為之裏表裏相依，而前人經始平山之舉，可以告成矣。予故志其顛末，復為八韻以記之，記萬全，即以記平山也。[159]

雍正二年（公元 1724）

（五月）辛酉，諭四川、陝西、湖廣、廣東、廣西、雲南、貴州，督撫、提鎮等，朕聞各處土司鮮知法紀，每於所屬土民多端科派。較之有司徵收正供，不啻倍蓰，甚至取其馬牛，奪其子女，生殺任情。土民受其魚肉，敢怒而不敢言。孰非朕之赤子，方令天下共享樂利，而土民獨使向隅，朕心深為不忍。然土司之敢於恣肆者，大率皆由漢奸指使，或緣事犯法，避罪藏身。或積惡生姦，依勢橫行。此輩粗知文義，為之主文辦事，助虐逞強，無所不至，誠可痛恨。嗣後督撫提鎮，宜嚴飭所屬土官，爱恤土民，毋得肆為殘暴，毋得濫行科派。儻申飭之後，不改前非，一經發覺，土司參革，從重究擬。漢姦立置重典，切勿姑容寬縱，以副朕子惠元元，遐邇一體之至意。[160]

王封鎮傳　李宗芬

王公名封鎮，字建元，施州衛諸生。績學立品，雍正甲辰（雍正二年）館容美土司署中。有女夜扣門，稱奉主命來，公拒弗納，次日以大義責主人，束裝欲歸，主人固留乃止，由是益重之。一日將歸省，主人欲捕魚以遺其母，邀同觀魚池，魚多而所捕者少，疑校人為奸，欲殺之。公正色告曰：『天三（生）以民付公撫循，何得以細故殺人，自取罪戾。况事起捕魚贈余遺母，是重余不孝罪也。』主人竦然聽命，乃弗殺，嗟呼！建元見色不惑，醇謹之士，猶可企及，惟當土官橫暴，生殺自恣之秋，正色昌言，能使之有所憚而不敢肆，此其剛正之氣足以懾奸權之膽，則其所以保全土官而為朝庭靖邊，為生民息禍者，厥功匪淺矣。雖以諸生終，較之掇巍科、登顯仕，而功業不著於時，其賢不肖為何如耶，建元誠可述矣。公在容美署中纂輯衛志，簡嚴有法，今得藉為粉本焉。[161]

159（清）吉鐘穎等：道光《鶴峰州志・卷 13・藝文志》，《中國地方誌集成・湖北府縣誌輯》第 45 冊，江蘇古籍出版社，2001 年，第 436 頁。
160《清世宗實錄・卷 20・雍正二年五月辛酉》，中華書局，1986 年，第 326 頁。
161（清）多壽修、羅淩漢纂：同治《恩施縣誌・卷 10・藝文志・王封鎮傳》，《中國方志叢書・華中地方》第 356 號，成文出版社，1975 年，第 766 ~ 768 頁。

雍正四年（公元 1726）

案雍正四年，桑植土司向國棟恃强負固，與容美、永顺、茅岡各土司尋釁仇殺，貪暴不仁，民不堪命。土經歷唐宗聖懼禍，與土知州向國佐、土中軍向朝先、國棟弟國柄、國梓請内附。162

雍正五年（公元 1727）

（雍正五年正月十九日）（湖北巡抚臣宪德）同日又奏，為奏聞事，竊照荆州府屬之長陽縣與容美土司界址相接，自明末兵燹之後，田地荒棄，漢土淆雜，附近於土司者不無被其侵占，以致漢土人民互相搆訟，歷有年矣。先因土司侵占柑子園、魚翅灘等處，經前督臣楊宗仁委令縣營會勘。柑子園、魚翅灘等處，係土舍用價一百八十兩契買漢土，雖經前督臣斷給長民，但未給價贖歸，因循至今，葛藤未斷。又上年三月土人向彩等率衆爭奪蹇家園、上洪宇等處，將民人蹇鳳家搶擄阻墾，經長陽縣營會同拏獲土人向彩等，並先經被擄在土之民人覃顯勳等，具報通詳。經臣於臬司任内會詳，督撫委令荆州道高淳及府縣等前赴彈壓勘審。嗣據該道、府、縣將搶奪情由審擬，軍戍照例分别枷責詳結，惟是秋水泛漲，不能清勘地畝詳請，俟秋水平退之日，會勘結案等情。迨秋水平退，緣該員均值賑濟，復經臣會詳，改委蘄州知州王玠，於公捐耗銀内給銀一百八十兩，令其帶往贖取從前勘斷之柑子園、魚翅灘等處地畝，並會勘蹇家園等處。囑令秉公確查，永息爭競，以結先後各案。去後，今據該知州會同長陽縣申稱：『職等遵即前赴蹇家園地方，據土司委令伊弟田琨如等，移送退贖柑子園、魚翅灘依領，並造具圖冊前來，職等隨將贖田價銀交給該土員領收訖，住種土人已經搬移結案。其蹇家園地方隨經查勘，傳集漢土人民，宣揚皇上恩威，諄諄化導，漢土人民，莫不輸服。并據該土司出具印信遵依，不獨從前爭墾之上洪宇地土，盡聽蹇鳳等耕種陞科，并接壤之下洪宇田地，俱情願退歸蹇鳳等管業住種。土人現在搬移，立碑嚴禁，永爲遵守。』取具印領、遵依、圖冊、碑刻申送到臣，（臣）查柑子園、魚翅灘等處地畝，被土人侵占多年，今俱悦服退歸，誠我皇上天威聖德之所致也，臣不敢壅於上聞，為此繕摺謹奏。

（朱批）前據譚一豫條奏此事，朕久欲交發汝等查議，為因近日烏蒙、涼山、普雄、狆苗等處現在整理未竣，其地皆與楚省隣近，且湖南又有謝録正一案。若復議論及此，天下人必謂朕為有意多事，好大喜功，是用遲疑未果，今覽爾此奏，深為慰悦，故將其奏摺亦發來與爾同福敏閲看。163

（雍正五年七月初九日）今臣（湖广总督傅敏）等會商，查桑植司向國棟世濟兇惡，殺擄苗民久，已衆叛親離，改流甚易。惟界連美司，又締婚姻。雖容美司田旻如慴服天威，萬無敢於助惡之理，然其人桀驁狙詐，或以物傷其類之故，陽為不聞，陰行煽惑鄰近土苗生事阻撓，亦未可定。164

（十月）二十八日，諭：容美等處土司田旻如，朕即位以來，念該土司昔曾効力，是以加恩優待。嗣有人条奏，該土司在地方不能安静奉法者，朕令該督撫訪察奏聞。據該督撫奏稱，該土司近日已悛改前愆，慎守法度。是爾實能悔過遷善，以承恩澤也，嗣後果能小心恪慎，撫輯苗人，約束闔屬，共凛王章，自可永保世職。彼保靖、桑植二土司，肆行背理，生事擾民，在國法難以寬貸，是以聲罪致討爾，雖近接鄰境，各有攸司，爾但

162（清）周來賀撰：同治《桑植縣志・卷2・建置》，《中國方志叢書・華中地方》第292號，成文出版社，1975年，第92頁。
163（清）允祿、鄂爾泰等編：《世宗憲皇帝硃批諭旨・卷132》，文淵閣四庫全書本，卷内第13～16頁。
164（清）周來賀撰：同治《桑植縣志・卷1・沿革》，《中國方志叢書・華中地方》第292號，成文出版社，1975年，第55、56頁。

自省無過，不必疑懼。165

雍正六年（公元 1728）

雍正六年二月十七日，湖北巡撫臣馬會伯謹奏，為奏請睿裁事。竊據容美土司田旻如申稱：『桑植協副將暨桑植軍民府，檄開桑植人民，從前為容美司擄掠，飭照單內所開户口，委舍把護送各歸故土樂業。緣由到職，查職司與桑植地接隣境，從前累有雀角，彼此邊民逃竄遷移者有之，迨後俱經排解審明退歸。今桑植協來文，粘單姓名，職司俱無可考，又不知某人係何年擄去，從何稽查，即現有人在職司，亦俱納糧安業。』等情，又抄冊内開桑植民人二百六十六户，共計男婦一千三百五十六名口等情到臣。又准湖南撫臣王國棟咨開：『桑植土司殘虐其民，蒙皇上改土為流，欲使出水火而登衽席。今副將楊凱、岳州額外同知鐵顯祖既經查明，容美土司昔年擄去桑植人民千有餘口，該土司自應遵照，護送回籍，未便任其飾措，應請嚴檄飭查。』等因到臣。臣理應嚴飭該土司，即查明人口送歸桑植，以安戢邊氓。但臣查永順、桑植等土司俱沐聖朝德化，先後歸誠，蒙我皇上再造洪恩，准其改土歸流。斯民悉登衽席，官兵初集，其營房一切事務，現在料理尚未完備，而土民新附，正須撫恤寧謐之時。此項人口，臣愚以為或俟營制安定，人民綏輯，諸事妥帖之後，臣先申以功令，諭以大義，勒令送歸桑植，以仰副我皇上愛惠邊民之至意。倘田旻如仍怙終不悛，猶復支吾延緩，臣即據實奏聞請旨辦理，是否可行，仰祈聖鑒批示，謹奏。

（朱批）從容辦理之見甚是，此事應當徐徐詳審而為之者，田旻如受朕恩深厚，料必知改悔從前之過，斷不敢支吾延緩也。166

湖南辰沅靖道臣王柔謹奏，為姦土悍惡不悛，萬難再為寬容，複瀝愚忱，跪乞聖恩迅賜乾斷事。臣於雍正六年十月十三日，以籌畫邊疆要務，上瀆天聽，曾將容美、酉陽抗拒安塘，謀為不軌，及諸小土司殘虐橫暴，要約聯絡，種種姦惡情形瀝忱具奏。蒙我皇上鑒臣愚悃，訓誨諄諄，臣惟欽遵，不敢輕躁，亦不敢稍有疎忽。近聞容美、酉陽與諸小司俱私製有子母礮位，暗地操演，更為肆膽，實非可以義理化誨者，必得兵威方能懾服。臣查該土司之地方形勢，容美處東北，酉陽處西南，十八小土司則紛處其中。形如長蛇，容美為首，酉陽為尾，而諸小司為胸腹。據其前，則後為之動，撫其左，則右為之擾。若行進勦，必須環匝布置四圍防禦，以備緩急應援，令彼無所躲閃，方為控制全策。臣擬於各省附近邊土地方，如川屬重慶黔江縣界應備兵二千名，湖北之恩施縣應備兵二千名，湖南之九谿衛應備兵一千名，黔屬之正大營應備兵二千名。皆於外面駐劄，遥張聲勢，至中路進用之兵，則斷需三千，由辰州永順而直入於龍山，以抵十八小土司之境在。各小司人寡勢弱，官兵所至，自必俯伏聽命。諸司既歸，即以重兵分布彈壓，是長蛇之胸腹已據，而首尾難以相顧。然後移師酉陽，聲明其罪，藐茲醜類當無不歸誠恐後，亦即以重兵鎮之。是長蛇之身、尾已獲，諒彼容美既四顧無所援藉，自當束縛而請罪。縱瞀不畏死，復敢抗拒，然已實為籠鳥釜魚，更安所逃遁於其間哉。是兵雖多備而仍不用，實與我皇上覆冒無疆之盛德，原未嘗相悖，此臣所以輾轉躊躇而復敢冒瀆天聽也。但各省官兵之備援，以及一人臨時之調遣，必得才優望重，熟練邊務者，方可為之提衡。倘蒙我皇上俯鑒愚忱，懇請命雲貴督臣鄂爾泰總統辦理，則事易舉而功易成，於以静邊圉而除民害，翦兇暴而廓霾氛，庶千里

165（清）允祿、鄂爾泰等編：《世宗憲皇帝上諭内閣・卷62》，文淵閣四庫全書本，卷内第39頁。
166（清）允祿、鄂爾泰等編：《世宗憲皇帝硃批諭旨・卷31下》，文淵閣四庫全書本，卷内第1～3頁。

荒廢之疆土，即可成億萬年錦繡之規模矣，為此繕摺具奏，伏乞皇上睿鑒施行，謹奏。

（朱批）土司中容美、酉陽原有僭妄不法舉動，近日亦皆知悔過斂跡，國家未有無故興師征勦之理。容美向稱富庶，此皆武弁貪利圖功，無事生事之論，汝何可踵襲而言及此耶？况蕞爾土司，如果內地吏治清明，營伍整肅，伊具何伎倆輒敢謀為不軌，效當車螳臂以取王師之誅戮，此即三尺之童亦能料及者。汝今張大其辭，以聳朕聽，不知具何肺腑。似此孟浪乖謬之見，速宜改除，惟以安靜彈壓地方是務，不可更生多事貪功之念，倘有激成事端形迹，罪不汝貸矣！將朕此諭竝所奏，密令周一德知之。167

雍正七年（公元 1729）

雍正七年四月十一日，四川提督臣黃廷桂、四川巡撫臣憲德謹奏。為奏明事，雍正七年四月初九日，據夔州協副將杜蔚報稱，據駐防建始縣把總劉朝龍呈具報，狀向懷明、向仲貴等報為族惡私受夷職、不遵國法，闔族公報事：『蟻等係後里五花寨民自始祖以來，未有不遵法律。今陡出惡棍向仲乾、向仲明、向仲試，家富萬金，賄通土司，寫立私結，幹授官職，領訖在家，勢膽包天，與容美土司往往私議，蟻若隱匿不報，恐連累族人遭害。』等語，據此隨追取委劄三張，相應呈齎，復據夔州府知府周彬稟稱：『去年十二月內，聞得卑府屬之建始縣邊界地方，有容美土司差土遊擊一員，帶領土人至該縣交界地方徵收銀兩，卑府隨即星差密查。去後，茲據去差回稱：「小的等蒙差密查容美土司之事，到彼未見其人。但查得建始縣與容美土司交界處所有粟穀壩、馬水河、安樂井等處地方，俱係建民居住，每户納該土司銀二三錢以至七八錢不等，名為春花二絲。每年該土司差人按户徵收，居民如不上納即遭凌虐。」等語，相應稟明。又據巫山營遊擊趙大貴稟稱：「據中軍守備李世忠稟據防汛兵目報稱：『十一月內，有容美司差副爺黃大方竝千把等，騎騾馬四隻共帶十人强過塘汛，小的等阻留逐回，伊等揚言俱是他的地方，到彼百姓人家收絲花，各村民户敢怒而不敢言。』理合具報。」等情。隨飭行守備李世忠，轉行專汛把總劉朝龍密查。去後，茲據該弁回稱：「十一月內，土差十人帶有騾馬四隻來收絲花，副爺千把是土司給有土目委牌，塘汛不敢擅放，當經逐回。」等情前来，理合具稟。』等因到臣等，該臣等細閱劄票，語多狂肆，且濫假名器，任意妄為。查向仲乾等係川東民人，容美係湖北土司，隔省私相授受夷職，均干法律。况該土司仰沐皇恩深重，分宜謹飭安静，何得越界苛斂騷擾居民，種種多事，中懷叵測。臣等再四商酌，蓋緣容美土司田旻如為人狡猾，富强甲於諸夷，既經追取所委夷劄，諒必自有聞知。臣等若即咨明湖北督撫提臣，查究併拘拏向仲乾等審訊，或恐容美土司疑畏，由此激生事端，未便冒昧根究。臣等不敢隱蔽，除密寄知督臣岳鍾琪外，理合據實奏聞，伏祈聖恩訓示遵行，謹奏。

（朱批）楚蜀各土司中惟容美最為富强，緣自前明官吏玩愒弛縱，遂致越分僭禮，相沿成習，迄今尚未改也。地方大吏應曉以大義，漸令革除，若據濫給委牌、科斂絲花等，欵即坐以狂悖之罪，似屬太過。已密諭楚督邁柱，令其嚴飭田旻如矣，汝等慮其疑畏，不遽根究之意甚是。168

（雍正七年七月二十二日）（署理湖北巡抚印务布政使臣徐鼎）竊查湖廣南北兩省界連苗疆，而湖北所屬惟容美司為大。頻年以來，漢土相安，

167（清）允祿、鄂爾泰等编：《世宗憲皇帝硃批諭旨·卷 142 上》，文淵閣四庫全書本，卷內第 40 ~ 43 頁。

168（清）允祿、鄂爾泰等编：《世宗憲皇帝硃批諭旨·卷 218 下》，文淵閣四庫全書本，卷內第 11 ~ 14 頁；趙爾巽等撰：《清史稿·卷 323·傳一百一十·黃廷桂傳》，中華書局，1977 年，第 10804 頁中亦有類似記載，囿於篇幅，不再贅述。

該土司田旻如未嘗不知感戴皇恩，畏服天威，獨與各上司文書往往似有驕抗之處。臣心每為詫異，詎料此等情事半由於舍把、漢姦勾串為之也。凡土司衙役頭目名曰舍把，每扮作客販潛住省城，與各衙門胥役交結，為伊主打點公事，實則樂起釁端，方可就中取利。或架言恐嚇其主，遂將空白印紙付令帶至省城，隨事探聽，即倩胥蠹代作文書，任意抗辯，以至陷土司於罪戾而不覺。茲因查勘漢土界址一案，與容美從前所擄保靖司人口之事，俱奉督臣批查，詎料臣等詳文甫出，而該土司辯白之文，遂即或先或後徑投督臣衙門。督臣邁柱查對月日，究出舍把唐遇世，發武昌府嚴審，供稱，係從藩司衙門書吏探聽，總督衙門書吏代作辯呈，將所帶空白印文寫就投遞。臣隨查出該管經承并交武昌府究訊，督臣亦將書吏押發該府收審。應俟審明定擬，聽督臣核題外，事關土舍交通，胥役積弊，理合據實附奏，伏乞皇上睿鑒指示遵行，謹奏。

（朱批）此事發摘姦伏，得情理之當，辦理甚屬可嘉，朕欣悦覽焉。[169]

雍正七年九月二十一日，四川巡撫臣憲德謹奏，為奏聞事。雍正七年閏七月十八日，據護夔協遊擊報稱：『建始縣民向京甲等呈稱，有容美司差黃巡簿、田前營，帶領三十餘人至李家壩等處，欲將各處居民一併驅入土司，伊等連夜奔逃至景陽大里地方暫住，稟求安插。』等語。並據夔州府報同前由，隨飭司轉行夔州府，將逃竄人民善加撫恤，並會同提臣，移咨湖廣督臣邁柱，嚴飭容美司，不得越境滋擾。即有雜處內地土人，著將姓名户口，查明實據，移咨過川，會委文武，逐一確查起發，使流土相安不致驚擾。去後嗣准邁柱咨，據彝陵鎮呈報，移查前來，隨將先據夔郡文武呈報，即行司轉飭，善加撫輯安業，並經會咨緣由咨覆訖。又於八月二十七日，據夔州府轉：『據建始縣報稱：「草塘壩地方居民三福保等五户被土司驅入，其餘驚散逃避者五十三户，候示安頓。」等語。隨又飛咨湖廣督臣邁柱：「轉飭容美司將驅入之建民三福保等各照名口放回安業，並飭遵照定界不得擅自出入，俾驚散之户仍回原地方安業。」等因，俟查明移會到日分別安插外，理合先行奏聞。』再查建民所受容美司劄付，經臣會同提臣黃廷桂兩次具摺恭繳在案。茲於閏七月内據夔州府稟稱：『據建民黃大鼎等自行首報，并續繳出劄付三十四張。查其年分俱係先年給與，所授俱係知州、同知、叅將、千户等職銜。』與前所繳劄付大略相同。若再齎呈御覽，恐致煩瀆宸衷，特暫留臣署。可否移送湖廣督臣邁柱併案查銷歸結之處，臣未敢擅便，伏乞皇上訓示，遵行謹奏。

（朱批）將此所首劄付移送楚督邁柱，令其於併案察結之後，仍隨便齎呈朕覽。[170]

王封鎮，字建元，衛諸生，博学能文，雍正七年舘於容美土司署，剛方正直，土司敬禮之，輯衛志簡嚴有體（府志）。[171]

雍正十一年（公元 1733）

雍正十一年十月十八日，湖北彝陵鎮總兵官臣冶大雄謹奏，為土弁狂悖違旨欺君據實奏聞，仰祈聖裁事。竊臣駑駘下乘，荷蒙皇恩，拔置總兵，駐劄彝陵，管轄湖北十五土司。臣於抵任之時，即細心訪察土司舉動。始知諸司之中惟容美司田旻如最為强悍，復加密探，悉得其僭越暴虐，種種不法情状。前冬臣在襄陽，備細密稟督臣邁柱，隨蒙督臣諭云：『彼之惡蹟，久已深知，非不欲據實嚴叅，實因皇恩浩蕩，漢土一視同仁，仍宜仰

169（清）允祿、鄂爾泰等編：《世宗憲皇帝硃批諭旨·卷96》，文淵閣四庫全書本，卷内第31、32頁。
170（清）允祿、鄂爾泰等編：《世宗憲皇帝硃批諭旨·卷31》，文淵閣四庫全書本，卷内第44～46頁。
171（清）多壽修、羅淩漢纂：同治《恩施縣志·卷9·人物志》《中國方志叢書·華中地方》第356號，成文出版社，1975年，第615頁。

體皇上寬貸洪慈，再為嚴飭告誡，彼自知洗滌改悔。』臣是以未敢遽為陳奏。孰意該土弁犬羊成性，怙惡不悛，查該土弁與施南司土弁覃禹鼎誼屬翁壻。向日往來，悉由忠峒一帶舊路行走。忽於上年十二月，勾同禹鼎，私開捷便新路，彼此來往不由舊道，又縱容伊壻禹鼎殘暴横行竝藏匿大礮八尊。經土人控告首報，隨據施州營遊擊劉策名呈報到臣。臣即咨呈督臣，飭行查追審究，及地方官屢次提追，僅繳出礮位六尊，尚有二尊至今未據繳出，且又袒護禹鼎抗不赴審。至於伊甥，東鄉土司應襲覃楚昭殘暴不仁一案，既經審實，擬斬監候，部議題准。伊竟不遵國典，敢以私情籲懇矜全，冒昧已極。復又恣肆無忌，於今春二月内，突在該司各關揚兵打圍，宰牛犒衆，遍歷關隘，月餘始返。前經臣密稟督臣在案，及督臣邁柱以狂悖叅奏，請旨將田旻如革職擬罪，又蒙皇上天恩，不忍即行嚴究，暫停革職，准令赴部引見，奉文差委妥當員役伴送。隨經督臣檄委臣標守備韓岳前赴該司，伴送該土弁赴部。乃田旻如又託言該司桃子壩春夏被水，現在賑濟土民，奏請皇上寬限兩月，竟不起身。臣思何物土弁，敢於煌煌恩旨，抗不凛遵，狡詐欺罔，莫此為甚。臣愚以為該土弁既敢抗違，豈無姦謀，結黨布置，將來拏究，負固强横，實難逆料。臣身任地方，固不敢聲張驚擾，然亦不得不預為防備。隨一面密飭接壤該司營汛員弁，謹慎防範，留心整頓，毋得疎懈，致滋貽誤。一面飭令密差幹目，前往該司隘口，確為探訪竝查各土司有無附會。去後，續據施州營遊擊劉策名稟稱：『密探得容美司遣土人張素謙帶領土人潛赴施南司，將衆人隱伏山林，惟張素謙一人於九月二十八日先到施南司。是夜，糾合衆土人將土官覃禹鼎，署内家伙器皿及眷口俱帶領私奔容美，該司舍民多不知覺。復遣土人回司安慰土民：「不要失散，到了容美，自有安頓。」目今施南司土民晝則歸家生活，夜則邀同婦女入山。』等情。又據各營稟：『據各差目稟稱，該司關隘甚緊，把守甚嚴，不容外面一人進司，其中情形難以探聽。』等語各到臣。似此姦惡萬端，違旨抗命，强横不法之土弁，斷難一日姑容，理合繕摺，奏請皇上敕下督撫提拏，按法懲處。庶國法彰、人心慰而各土司知所儆惕，邊境得以敉寧矣。為此繕摺奏聞，伏乞皇上睿鑒施行，謹奏。

（朱批）所奏俱悉，汝職守疆圉防備固所當然，第不可妄作聲勢，激出事端，一一聽候督臣指示而行，百凡舉動切戒輕躁，其欽遵毋違。172

湖北按察使臣王柔謹奏，為請綏邊土事。竊照容美土弁田旻如不法，經督臣題叅，奉旨着來京詢問。嗣因該土弁懇請，寬限至今，未報起程。前於十月二十五日，臣接督臣密札：『據彝陵鎮稟稱：「容美斑竹園等處土民，男婦三百餘人逃出鄔陽關。」等情，當飭歸、巴等州縣安撫。』去後茲於十二月初四日復接督臣密札，奉有檄『問田旻如，看伊如何回覆，一面就近酌調官兵，詳籌妥備』之上諭。密鈔轉行到臣，臣查田旻如倚恃土職，恣意妄行，我皇上屢加赦宥，仍不悛改，今復蒙聖恩寬大，暫停革職，着令赴京詢問，理應即日起程，何得藉詞寬限。如果剋期就道，情猶可原，倘仍復推延，自應加以兵威，使知懲戒，從前永、保、桑等處。臣仰承聖訓，敬謹辦理，竝無滋擾。今容美情形，臣久悉其大槩，且現任楚省，更當身任其事，懇請皇上准臣總任辦理，撥帶官兵前壓該境。先於附近諸土司宣布我皇上德威，曉以大義，悉使安静，絶其附和。即擇能幹土弁傳諭田旻如，開其愚蒙，使知覺悟，諒不待張弓發矢，自可輸誠。倘仍負固執迷，逞其螳臂，只須分佈附近各營官兵四路堵截，伊自困於範圍之内，便可設計就擒，而使邊土永臻綏靖也。但必事權歸一，呼應始靈，更懇皇上將一切機宜，准臣措置調度，無致將弁掣肘。庶臣得以悉心籌畫，慎重辦理，一勞永逸，斷不致有輕率孟浪及遲誤事機之虞耳。除經回明督撫二臣聽候示行外，臣謹恭摺奏請，伏乞睿鑒，俯賜俞允施行，謹奏。

172 （清）允祿、鄂爾泰等編：《世宗憲皇帝硃批諭旨·卷156》，文淵閣四庫全書本，卷内第17～21頁。

（朱批）觀汝似有瘋顛之疾，不然何狂誕至於此極也。[173]

於雍正十一年十二月初三日，攜眷搬入萬全洞，負固不出。土目張彤柱首先繳印，餘衆漸次投出。明如（旻如）自知負罪深重，民心已變，於是月十一日畏罪自縊。[174]

雍正十二年（公元 1734）

（四月）丁未，兵部等衙門議覆：『湖廣總督邁柱奏言：「容美宣慰土司田旻如行事姦狡，賦性狂妄，濫給劄付，私徵錢糧，制度僭越，擄掠鄰近土民，種種惡蹟，罪不容誅。經臣臚列糾參，蒙恩旨暫停革職審擬，令其來京詢問，詎意抗違不出，假撫恤荒民之名，具摺誑奏，寬限兩月，藐抗如故，且移居平山寨，作狂悖負嵎之舉。闔司土民，見其不法，恐干天討，投出者共有五百七十餘人。又有石梁司長官張彤柱，先率土民投繳印信、令箭。其不能投出之土衆，又計誘田旻如出洞，催令起程。旻如自知衆怨親離，投繯自縊。按其情罪，未足蔽辜，伊子弟俱非善類，難以承襲。請將容美司改土歸流，俾土衆早登衽席。」應如所請，將田旻如原領敕書、印信、號紙繳部查銷，其一切善後事宜，應令該督妥協辦理。』從之。[175]

（五月己卯）兵部議覆：『湖廣總督邁柱疏言：「湖北施南宣撫司覃禹鼎與容美土司田旻如翁壻濟惡，姦貪殘暴，在施南銅鼓山私開路徑，直抵容美，派夫運米，私藏礮位。今容美土民能明大義，將覃禹鼎及施南司印信一併押解到臣，理合請旨，革職嚴審，明正其罪。又據施南土民周一昌、覃祚德等，向化輸誠，呈請改土歸流，急救倒懸，請分設文武官弁，以資彈壓。」應如所請，將施南宣撫司地方，准其改土歸流，一切善後事宜，令該督妥協辦理。』從之。[176]

（六月）初三日，奉上諭：『據湖廣總督邁柱奏稱：「忠峝宣撫司田光祖等十五土司，齊集省城，公懇歸流。緣土民見永順、保靖、桑植諸處改土以來，撫綏安輯，所以望風歸嚮，願入版圖。」等語。楚省各土司如永順、保靖、桑植諸處前經改入內地，安輯撫綏，各得其所，而容美一司又現議改隸，今忠峝等十五土司復望風歸嚮，願入版圖，同向該督衙門懇切呈請。朕俯念輿情，准其一併改設，其設官定制，移營安汛幷一切善後事宜，著總督邁柱詳畫妥酌，定議具奏。』[177]

（十二月壬戌）刑部議奏：『湖廣容美土司田旻如，朋謀抗拒官兵，該犯雖懼罪自縊，仍應戮屍。妻子給功臣之家爲奴，財產入官，同謀之向日芳等俱應分別治罪。』得旨：『田旻如畏罪潛逃，投繯自盡，尚與抗拒官兵者有間。著從寬，免其戮屍。田旻如孽由自作，其眷屬及脅從之人，俱係聽伊指使，情有可原，所擬斬絞各犯，俱從寬免死，交與總督邁柱分別安插別省居住。田旻如之衣飾等物，仍賞給伊之妻子。田產不必入官，著查

173（清）允祿、鄂爾泰等編：《世宗憲皇帝硃批諭旨·卷 142 下》，文淵閣四庫全書本，卷內第 48 ~ 50 頁。
174（清）吉鐘穎等：道光《鶴峰州志·卷 1·沿革志》，《中國地方誌集成·湖北府縣誌輯》第 45 冊，江蘇古籍出版社，2001 年，第 356 頁。
175《清世宗實錄·卷 142·雍正十二年四月丁未》，中華書局，1986 年，第 785 頁；趙爾巽等撰：《清史稿·卷 9·本紀九·世宗》，中華書局，1977 年，第 337 頁中亦有類似記載，囿於篇幅，不再贅述。
176《清世宗實錄·卷 143·雍正十二年五月己卯》，中華書局，1986 年，第 793 頁。
177（清）允祿、鄂爾泰等編：《世宗憲皇帝上諭內閣·卷 144》，文淵閣四庫全書本，卷內第 1 頁。

明變價，竝給伊妻子以爲度日之費。所有牽連各犯，著邁柱酌其情罪，減等發落，其首先繳印之石梁司長官張彤硅，著賞給千總職銜，支食俸薪，以示獎勵。』[178]

雍正十三年（公元1735）

十三年三月奏准改容美土司地爲州，其所屬五峰司地設縣治，改彝陵州爲府，尋定新改府曰『宜昌』，附郭縣曰東湖。容美所設州曰『鹤峯』，五峯所設縣曰『长樂』，并原立之直隸歸州、長揚、興山、巴東皆隸焉。[179]

長樂**（简）**，（宜昌）府南一百九十一里。明爲五峯司，隸容美宣撫司，屬施州衛。雍正十三年置縣，以石梁、水濜、長茅三司，及長陽、松滋、枝江、宜都，與湖南石門等縣邊地益之，來屬。[180]

雍正拾叁年闰肆月拾陸日奉□□□□□□議□湖廣督邁柱等疏稱容美土司改土爲流，新設府、廳、州、縣以及州同、州判、縣丞、經歷、司獄、吏目、巡檢、典史等官，令臣等於現任屬員内揀選調補。查襄陽府知府王志遴守謹才練，熟悉苗疆，堪以調補新設知府；漢陽縣知縣梁瑛謹饬自持，才具敏练，堪以補授分防灣潭同知；長陽縣知縣孟琅誠實勤練，久歷苗疆，堪以補授通判；裁缺彝陵州州判黄相綸，請以州判管經歷事，仍照原銜陞轉；随州梅坵司巡檢王懋德現在容美，辦事稳當，堪以調補司獄。舊司治新設知州，查有署安陸府通判毛峻德老成持重，辦事明練，現住容美料理妥恊，堪以補授知州，分防五里坪州同；查有卓異之應城縣崎山鎮巡檢繆鵬起，現住容美，辦事妥當，堪以補授州同，分防北加佳坪州判；查有卓異陞補巴東縣野三關巡檢王都，辦事努力，人亦明白，堪以補授州判；又州城吏目壹員，查有歸州……勤慎，堪以補授吏目；新設五峰司知縣，查有黄陂□縣丞張會穀，原係州判借補之員，才具明晰、辦事向前，現在五峰司與民相習，堪以補授知縣，分駐漁洋關；縣丞查有漢陽縣蔡店巡檢龔之鐄辦事勇往、明白老誠，堪以補授縣丞；又縣城典史，查有黄岡縣典史薛愷年力富強、辦事去得，堪以調……。[181]

刑部咨開本部會同戶部會議得：『容美土司田明（旻）如等不遵法紀一案，據湖廣總督邁柱疏稱：「遵查田明如既蒙皇仁原宥，免其戮屍。其眷屬及所擬斬絞各犯，俱從寬免死，分別安插。則田明如之妻妾子女，應請照犯斬絞土司之家口安插遠省例，與應流徙烏喇之父母祖孫兄弟，免其異處，一併解交陜西安插。其向日芳、向虎、閹人劉宥（劉昌）、仁壽、史東東俱系擬斬之犯，今皇上法外施仁，從寬免死。應將田明如家口解交陜西安插，令其團聚。至向日芳等雖免死，不便一同安插，應請將向日芳、向虎、閹人劉宥、仁壽、史東東解交廣東安插，其向日芳等之眷屬亦當仰體聖慈，與向日芳一同安插。再田明（旻）如之田產，既沐皇恩，賞給伊妻子，以為度日之資，其向日芳等田產，應請變價，賞給伊等，以廣皇仁。

178《清世宗實錄・卷150・雍正十二年十二月》，中華書局，1986年，第861、862頁；《世宗憲皇帝上諭内閣・卷150》，文淵閣四庫全書本，卷内第10、11頁中亦有類似記載，囿於篇幅，不再贅述。

179（清）鄂爾泰等：《欽定八旗通志・卷181》，文淵閣四庫全書本，第30頁；趙爾巽等撰：《清史稿・卷512・傳二百九十九・土司一》，中華書局，1977年，第1420頁有類似記載，囿於篇幅，不再贅述。

180 趙爾巽等撰：《清史稿・卷67・志四十二・地理十四》，中華書局，1977年，第2182頁。

181（清）毛峻德纂修：乾隆《鶴峰州志・卷下・職官》，《故宮珍本叢刊・湖北府州縣誌》第5冊，海南出版社，第45、46頁；《清世宗實錄・卷153・雍正十三年三月己卯》，中華書局，1986年，第879頁；（清）嵇璜、劉墉等：《清通典・卷93》第3頁亦有類似記載，囿於篇幅，不再贅述。

除田明如之衣飾等物，已給伊妻子收領外，其各田產，一時難於變售，應請確估定價，先動存公銀兩，照數給與，分別起解，再行歸欸。先繳印之土弁張彤硅既蒙皇恩，賞給千總職銜，支食俸薪銀兩，應于奉文之日為始，令地方官於地丁銀内支給造報。伊弟田琨如及田召南均無助虐情事，原議照律不坐，但容美已經改流，不便發回土境，應於本省另行安插，使得其所。」等因。俱題前来，除擬徒之麻老丑已經病故不議外，應如該督所題完結。』等因。雍正十三年閏四月二十日奉旨依议，钦此。[182]

施南宣撫司，元施南道宣慰使。明洪武四年，覃大富入朝，七年，升宣撫司。清因之。雍正時，覃禹鼎襲。禹鼎，容美土司田明如婿也，有罪輒匿容美。當事以明如之先從征红苗有功，置勿問。十三年，明如被逮，自經死。禹鼎以淫惡抗提，擬罪改流，以其地置利川縣。[183]

十三年，施南宣撫司覃禹鼎以罪改流，於是忠峒土司田光祖等并請歸流，乃以十五土司並原設恩施縣，特設施南府，領六縣。容美改鹤峯州，別隸宜昌府，領於巡荆道。[184]

雍正年間

容美土司，唐元和元年，田行皋從高崇文討平劉闢，授施溱溶萬招討把截使，仍知四州事。宋有田思政。元有田乾亨。明洪武三年，田光寶以元所授誥敕詣行在請換，乃命光寶仍為宣慰使。傳至田既霖，清順治間歸附，仍授宣慰使。子甘霖襲。甘霖字特雲，著《合浦集》。甘霖子舜年，字九峰，受吳逆偽承恩伯敕，後繳。奉檄從征有勞績，頗招名流。習文史，刻有《廿一史纂》。日自課，某日讀某經、閱某史至某處，刻於書之空處，用小印志之。有《白鹿堂集》《容陽世述錄》。子明如襲職，以放肆為趙申喬劾奏，奉旨原宥。雍正十一年，再為邁柱嚴參，明如移駐平山寨倔抗拒，為石梁長官司張彤硅催迫，明如自盡。改土歸流，改司為鶴峰州，隸宜昌府。[185]

我朝列聖相承，休養生息，卽窮鄉僻壤，莫不繁廡。獨容美羅前土官，□残虐貳拾餘年，民不□生，流亡轉徙，存者寥寥。自改州以來，招徠安集，遠□樂歸，人户漸衆，蓋月異而歲不同矣。□誌其數，以□聖世滋生之日盛焉，查土民共壹千玖百貳拾壹户，男婦共壹萬零叁百六拾柒名口。[186]

矧兹鶴峰，向為容美土司舊地，因土弁田旻如貪淫残虐，改設州治。既無典籍可稽，又无老成可詢，經營伊始，百度維新。是鶴峰州志較他邑之志尤為急務，德（毛峻德）不敏，初蒙陞任，制府邁公，檄委進司，守催田旻如進京，旋又奉委撫恤殘黎。竝隨湖北臬憲王公諱柔、荆南觀察姜公諱邵湘，經理改土善後事宜。[187]

182（清）吉鐘穎等：道光《鶴峰州志・卷1・沿革志》，《中國地方誌集成・湖北府縣誌輯》第45冊，江蘇古籍出版社，2001年，第356、357頁。

183 趙爾巽等撰：《清史稿・卷512・列傳二百九十九・土司一》，中華書局，1977年，第14209頁；（清）松林修、何遠鑒撰：同治《施南府志・卷2・地輿志・沿革》，《中國方志叢書・華中地方》第328號，成文出版社，1976年，第278、279頁亦有相同内容，囿於篇幅，不再贅述。

184 趙爾巽等撰：《清史稿・卷512・列傳二百九十九・土司一》，中華書局，1977年，第14209頁。

185 趙爾巽等撰：《清史稿・卷512・列傳二百九十九・土司一》，中華書局，1977年，第14212頁。

186（清）毛峻德纂修：乾隆《鶴峰州志・卷下・戶口》，《故宮珍本叢刊・湖北府州縣誌》第5冊，海南出版社，第31頁。

187（清）毛峻德纂修：乾隆《鶴峰州志・卷上・鶴峰州志序（嘉正序）》，《故宮珍本叢刊・湖北府州縣誌》第5冊，海南出版社，第1頁。

向國梁與國相同母，而國棟異母弟也。国棟戕兄奪官，忌相、梁，并幽之，誣以罪，將藉容美兵殺之。梁弟兄逃詣巡撫，訴事得白。復歸，國棟不敢害。改土初，經營安輯，梁有勞焉。[188]

其湖廣苗接黔者，于五年，張廣泗會湖南副將劉策名，有謬沖花苗之剿。七年銅仁知府姚謙率苗目田金保有徧招楚界諸苗之役。惟四川重慶府屬之酉陽土司冉元齡與湖廣容美土司田旻如均以不法為邊民所愬，籲請改流。且酉陽距重慶十八站，距貴州銅仁不及三百里其所屬土目至銅仁僅百餘里。舊隸黔改隸蜀，與容美恃遠自恣。鄂爾泰奏請二土司暫改隸黔乘威招諭，可不煩兵而服。詔湖廣、四川督撫圖之，于是湖南按察使王柔、總兵劉策名赴苗疆宣諭。永順、保靖、桑植、容美四大土司亦先後奏改郡縣。惟容美稍用兵，而永順彭氏則自請獻土，優獎回籍。四川天全二宣慰（天全末代土司正司高若蟠、副司杨大业）已於五年為岳鐘琪劾革，至是酉陽繼之。[189]

乾隆元年（公元 1736）

（十二月）丁卯，定鶴峯州、長樂縣糧額。諭總理事務王大臣：『湖北鶴峯州、長樂縣原係容美土司地方，每年徵秋糧銀九十六兩。自前年改土歸流，經該督撫題明，俟設立州縣後，確查成熟田畝，照內地科則輸糧。今鶴峯州成熟田地共六百五十四頃，應科條餉銀四百七十九兩。長樂縣成熟田地一百八十三頃，應科條餉銀一百六十七兩。朕查雍正八年，湖南永順等土司改土歸流之時，蒙我皇考念其地瘠民貧，將土民承種成熟地畝應納錢糧，即照原額秋糧二百八十兩之數，分則陞科，仍寬免一年在案。今容美事同一例，且聞彼地山田犖确，土瘠水寒，物產涼薄。若照內地科則徵糧，土民不無拮据。著將鶴峯、長樂二州縣現報成熟田地，亦照容美之例，即以原徵秋糧銀九十六兩之數，作為定額，於乾隆丁巳年為始，造冊徵收。嗣後若有招徠勸墾荒地，再行奏報，酌量陞科。至於裁改土司以後，未經查丈以前雍正十二、十三等年及乾隆元年。共應徵秋糧銀二百八十八兩，悉著寬免，不必補徵，以示朕愛養土民之至意。』[190]

乾隆三年（公元 1738）

（正月乙亥）命湖北改土歸流之縣，貢賦悉照原額。諭曰：『湖北忠峝等土司改土歸流，增設施南一府。統轄恩施、宣恩、咸豐、利川、來鳳、建始六縣。除恩施係屬舊縣，建始自川省改歸，併恩施分歸，咸、利二縣之田地人丁，向有定額，無庸另議外，其餘改土地方，新入版圖者，該督撫現在查勘，分別升科。但該土司向來輸納秋糧，不計田地多寡，每年統計止納七十三兩六錢四分，今若照內地科則徵收，必至加於前數。朕心愛養土民，望其共受國恩，原不計貢賦之多寡。乾隆元年，曾降諭旨，將容美司改設之鶴峰、長樂二州縣成熟田地，即照原額秋糧銀九十六兩之數，作為徵收定額。今忠峝土司，與容美事同一例，著將查明成熟田地，即照原額秋糧銀七十三兩六錢四分之數按田分派作為定額，無庸另擬科則，俾

188（清）周來賀撰：同治《桑植縣誌・卷 6・人物》，《中國方志叢書・華中地方》第 292 號，成文出版社，1975 年，第 423 頁。
189（清）魏源：《聖武記・卷 7》，古微堂刊本，第 270、271 頁。
190《清高宗實錄・卷 32・乾隆元年十二月丁卯》，中華書局，1986 年，第 635、636 頁；（清）毛峻德纂修：乾隆《鶴峰州志・卷上・聖制》，《故宮珍本叢刊・湖北府州縣誌》第 5 冊，海南出版社，第 7 頁亦有相同內容，囿於篇幅，不再贅述。

土疆黎庶，永沾薄賦之恩。至乾隆二年未完秋糧，一併豁免，該部即遵諭行。191

乾隆六年（公元 1741）

容美司改土記畧

鶴峰州乃雍正拾叁年欽定佳名，其舊爲容美土司地也。乾隆叁年春，奉督憲宗室德公檄，取全楚州縣邑乘。德（毛峻德）茫無以應，既而思之，邑之有乘，猶國之有史，胡可缺焉。且德自雍正拾叁年柒月履州任，幷前在安陸通判任內，奉委於雍正拾貳年正月即進司辦理改土事宜，以迄於今。竊於州境之疆域、賦役之清編、山川之形勢以及人民風俗，不可謂不得其概。因於政治之餘，聊具其可信者，分門別類，一一直書，聊備州乘。至於改土設流之故，緣土弁田旻如者，自康熙肆拾伍年由通州州同改調承襲土職以來，阻險自雄，內地人民少通。居設九間五層，坐向子午，私割閹人，妄製砲位，搆怨鄰司，忠峝、桑植屢受搶擄之害，袒護二壻楚昭、禹鼎，均罹大辟之誅。至於所隷土職土民，專擅予奪，紊亂襲替，私派濫罰，酷斂淫刑，甚至殺人家口，沒人貲產，種種狂悖，罪實難逭；經现任內閣大學士前督憲邁（柱），列款題叅，猶邀世宗憲皇帝如天之仁，仍令進京引見，此雍正拾壹年事也。斯時旻如苟有人心，一奉恩旨，即應就道。奈何一任檄催及委官守催，猶以賑恤民為詞，欺詐奏聞。且於遷延時日之中，與其弟暢如、琰如及中軍向日芳、旗鼓田安南等商，謀於拾壹年之霜降日，宰牛歃血，與各土衆誓曰『如遇官兵，協力堵禦，官不上前，聽民殺之，民不上前，官即殺之』等語，吁，此後倒戈相向之舉，由此起也。既則令土衆於鄔陽關內挑築土城，令向日芳、田暢如、琰如等各率土民，整佈軍器，分守大崖、奇峰、鄔陽等隘。正在計議間，適築土城之衆已將奉委督摧之金瓜打死，各率男婦於鄔陽關逃出，集於巴東縣之紅沙堡地方投誠向化，褺討安插□□。時假旻如順從輿情，刻即赴京，未必不猶可邀我世宗憲皇帝之鴻慈，免其深究。奈何於土民散渙，大義當明之秋，旻如猶逞鬼蜮之見。恃天星橋之險，於是年拾貳月初叁日潛入上平山萬全洞內，於洞口安設砲位為堵禦。而暢如、琰如輩猶各期率離心離德之土衆，分守各隘，以拒官兵。噫！斯時土衆恐干天討久□，切恨黨惡之朦蔽，私相傳約，齊赴公請土弁進京。早已定於拾貳月初肆日矣，所以至期齊集平山，一面協拏黨羽，一面計誘土弁。至初玖日，旻如出洞，土衆告以抗命利害，力勸進京，旻如畏懼，遂於拾壹日乘間自縊。彼時土衆見旻如巳（已）故，思登袛席，齊將現拏之助惡黨羽田暢如、琰如、向日芳、向虎、田安南及閹人劉昌、仁壽、史東東、史西西，同旻如之子田祚南、雅南、思南等幷部印壹拾捌顆於拾貳月貳拾肆等日先後押解抵荆，公懇改土設流。是日，德自省奉委進司，守催田旻如進京，亦抵荆州。遵奉道憲姜公發訊各供，始知旻如畏罪自縊。報經批，委原任枝江縣傅諱埰，驗填通報，請題飭審。乃按律審題之后，我世宗憲皇帝猶曲賜生全，特免田旻如戮屍，其妻妾子女父母祖孫兄弟幷田暢如以及閹人劉昌等均得免死，照例分發陝西、廣東、河南三省安插，且均賞給家貲，以資養贍。俾結斯案於不蔓不擾之中，旋俞允題請改設流官，以撫綏土衆，此鶴州設流之始末也。今城垣、壇廟、文武衙署以及營汛、塘房、橋梁、道路查照永順成例，俱已領帑興修，規模初定。其疆域東接長樂，西界宣恩、恩施，南抵慈利、石門、桑植，北至巴東、建始，週圍千有餘里。然幅愪雖廣，田少山多，兼之從前土弁失於培養，地瘠民貧。所幸早棠聖明洞鑒，特沛殊恩，將應徵民賦，仍照舊額徵秋糧銀玖拾陸兩。自乾隆貳年為始，於鶴峰、長樂一州一縣，按畝

191《清高宗實錄·卷61·乾隆三年正月己亥》，中華書局，1986年，第8、9頁。

攤徵。其雍正拾貳、拾叁兩年并乾隆元年應納銀兩概予豁免，土民老幼騰歡，紛紛呈請恭謝□□禽□。長樂縣據情轉詳，請題在案，土民從此長享輕徭薄賦之樂矣。若夫勸課農桑，捐設義学，分鄉設里，稽保甲以清盜源，平易道路，去險隘而通商賈。此任斯土者應時時盡心之務，但自顧識淺学疎，無超越政治俾土疆大有生色用，常内愧云。

乾隆六年岁次辛酉仲冬月記[192]

三、結語

容美土司自公元 14 世紀前期始見載於史，隨著與中央政權及周邊地方官府交往的日益緊密，加之文強武盛，地扼要害，各類文獻中的相關記載漸次增加。從國史到方志，自實錄至雜史，在内容和形式上都呈現出極大的豐富。

要全面研究容美土司，首先需了解容美土司的歷史沿革。但在浩如煙海的中國古代文獻中，搜集史料的過程中極易疏漏，且部分史料疊矩重規，甚至相互矛盾。這些問題都為深入研究容美土司帶來種種不便。因此，本文花費數年時間對容美土司的史料進行搜集和整理，補漏訂訛，最終整理匯編成文。期望在與容美土司石刻材料相互印證的同時，能為相關土司學及地理方志學等學科提供更全面的材料，方便更多的學者認知到少數民族建立的土司王國在中央王朝管轄下的社會習俗、文化制度、軍政管理等多面動態，利於我們今天更好的研究和總結中國古代封建王朝統治巔峰時期，地方少數民族割據政權與中央政權之間錯綜複雜的關系，開拓中國古代文明演變研究的新視角。

本文在編撰過程中，得到了恩施州博物館、恩施市博物館、鶴峰縣博物館、五峰縣文物局等地方文博單位的大力協助，在此一並表示衷心感謝！

中國古代歷史文獻浩如煙海，在史料匯編過程中，即使皓首窮經、校計毫厘，也因史籍卷帙繁多而難免有所疏漏和謬誤，在識文斷句過程中亦難免因詮才末學而有所瑕疵和舛錯，敬請各位讀者批評指正！

192 （清）毛峻德纂修：乾隆《鶴峰州志·卷上·容美司改土記略》，《故宮珍本叢刊·湖北府州縣誌》第 5 冊，海南出版社，第 3 ～ 5 頁。

後記

本書主編康予虎，負責整體統籌編寫工作。副主編李毅、陳擁軍、顧聖鳴等，負責統稿和校對。本書的正式編寫工作自2017年10月開始，但在這之前，前期的各項准備工作，則從2015年11月就已經開始啟動。

成書之際，特此感謝湖北省文物局及湖北省文物考古研究所的各級領導對工作的全程指導和協調；恩施州博物館、恩施市文物局、鶴峰縣博物館、五峰縣博物館、恩施唐崖土司城遺址管理處、黃岡市博物館、三峽大學民族學院及相關文物保護者對各項工作順利推進給予大力支持與幫助。石刻的田野調查工作由容美土司遺址考古隊全體人員完成；照相工作由湖北省文物考古研究所李毅、鶴峰縣博物館田學江、羅建峰負責完成；拓片工作由湖北省文物考古研究所顧聖鳴、鶴峰縣博物館陳擁軍、肖偉與恩施唐崖土司城遺址管理處張波負責完成；拓本的釋讀、核選、錄入、編排等工作由三峽大學民族學院特聘教授鄧輝和黃岡市博物館李萬靖、恩施市文物局鄧娜、恩施州博物館胡征一負責完成；裱糊工作由湖北省博物館胡白帆負責完成，本書是集體協力完成的成果，對曾參與過相關工作的諸位同仁，一併表示衷心的感謝。湖北省文物考古研究所黃文新研究員作為特邀專家，全程參與了整個工作過程，並給予了重要指導和修改意見。

讀者在閱讀使用本書時，如有發現漏拓的石刻，或釋讀錯訛之處，歡迎給予批評與指正。

編　者

二〇一八年四月於恩施

彩版一

1. 天然橋碑拓片工作照

2. 情田崗摩崖石刻拓片工作照

3. 百順橋碑拓片工作照

4. 山高水長石刻拓片工作照

5. 情田崗記、捷音者敘石刻拓片工作照

6. 天星寨摩崖石刻拓片工作照

彩版二

1. 漂水岩漢土疆界碑

2. 大岩関漢土疆界碑

3. 新改荒路記石刻

4. 平山萬全洞記碑

5. 萬人洞記石刻

彩版三

1. 土司家族墓地 1 號石人像

2. 土司家族墓地 2 號石人像

3. 保善樓記碑

4. 九峯橋碑

5. 奉天誥命碑

1. 爵府衙署區門墩石

2. 田楚産夫婦石匾

3. 待贈芙蓉土知州兼管中營旗鼓事向日芳墓碑

4. 南府張桓侯廟抱鼓石

5. 天星寨儒者石刻